21世纪高职船舶系列教材
SHIJI GAOZHI CHUANBO XILIE JIAOCAI

船舶电工工艺技能实训指导

主编 / 鲍军晖　主审 / 胡适军

哈尔滨工程大学出版社

内容简介

本书结合我国海事局颁布的《中华人民共和国海船船员适任考试、评估和发证规则》和《STCW78\95 公约》而编写的。共分五章，主要内容包括：常用电工仪表及测量、常用低压电器设备及维护、船舶照明系统的管理及维护、船舶电机维修工艺与保养、船舶安全用电。本书内容丰富，深入浅出，层次分明，实用性强。

图书在版编目(CIP)数据

船舶电工工艺技能实训指导/鲍军晖主编.—哈尔滨：哈尔滨工程大学出版社，2007.8

ISBN 978-7-81133-021-2

Ⅰ.船… Ⅱ.鲍… Ⅲ.船用电气设备-电工技校-教学参考资料 Ⅳ.U665

中国版本图书馆 CIP 数据核字(2007)第 129500 号

出版发行 哈尔滨工程大学出版社

社　　址 哈尔滨市南岗区东大直街 124 号

邮政编码 150001

发行电话 0451-82519328

传　　真 0451-82519699

经　　销 新华书店

印　　刷 黑龙江省地质测绘印制中心印刷厂

开　　本 787mm×1 092mm 1/16

印　　张 4.5

字　　数 95 千字

版　　次 2007 年 8 月第 1 版

定　　价 10.00 元

http://press.hrbeu.edu.cn

E-mail: heupress@hrbeu.edu.cn

前言

本教材是为适应《STCW78/95 公约》和我国海事局颁布的《中华人民共和国海船船员适任考试、评估和发证规则》而组织编写的。编写过程中结合了我国高等海上专业教育的实际,使得教材的适应性更强,使用面更广。教材的内容上具备了以下特点:

1. 以理论指导实践的原则阐述实践知识和技术;

2. 全面体现《STCW78/95 公约》和《中华人民共和国海船船员适任考试、评估和发证规则》中强调的教育必须遵守知识更新的原则,强调技能,培养能适应现代化管理的复合型人才的精神;

3. 始终贯穿以"职业能力"作为培养目标的主线,并紧跟现代科学技术,有较强的先进性和科学性;

4. 根据专业性质和船员流动的工作特点,对有关船舶电气装置的自动调节和自动控制系统的内容作了简述。

本书由浙江交通职业技术学院的胡适军副教授主审,并提出了宝贵的修订意见,在此表示诚挚的谢意。由于本书内容的涉及面广,编者的学识水平、实践经历有限,难免有不妥和疏漏之处,敬请读者批评指正。

编者

2007 年 8 月

目录

第一章 常用电工仪表及测量

为了了解电气设备的特征和运行情况，需要对各种电量进行测量，船舶常用的电工仪表种类很多，这里介绍几种主要仪表的正确使用。

第一节 万用表的正确使用

万用表分指针式和数字式，这里就介绍指针式万用表。指针式万用表是一种多用途、多量程的磁电式仪表，一般万用表可以测量直流电压、直流电流、交流电压、三极管及电阻等。

万用表的正确使用及其注意事项

1. 未接入电路进行测量时，需检查转换开关是否在所测挡的位置上，不能放错。如果对被测电压、电流大小不清楚，应将量程置于最高挡上，以防指针打坏（测交流电压、直流电压、直流电流时，应选指针接近满刻度的二分之一至三分之二挡位）。转换量程时须注意不可带电转换。

2. 测量直流电压或直流电流时，需要注意被测量的极性，仪表的正负端应与被测电路正负极相对应。测量电压时必须将仪表并联于电路上，测量电流时仪表必须串联在电路里。

3. 测量时必须注意表笔的插孔是否是所测的项目。有的表有两对表笔插孔，如MF－7型、500型表等，测量时更应注意表笔不能插错位置。

4. 测量电阻时，被测电阻至少有一端与电路完全断开，并切断电源再进行测量。电阻的量程应选得合适，原则上是指针停在表头刻度中心位置为宜，因为此位置的测量误差最小。测量低电阻时，要注意接触电阻；测量高电阻（大于10 kΩ）时，应注意不要形成并联电路（如将双手分别触及两测试表笔或触及电阻两端的引线）。

5. 表上有一旋扭标志“Ω”符号，这是供测量电阻时用的。测量电阻时，选好所需量程挡，将表笔短路，表头指针应指零值，若不指零可调节此旋扭，使指针指零；若无法指零，说明电池已耗尽或接触不良，此时应更换新电池或检查线路，排除故障后再进行测量，否则无法测量或测量误差很大。每换一次量程，均须先调零后再测量。

6. 测量2 500 V交流或直流高压时，必须注意安全，防止触电。电路中有固定大电容器件时应事先放电。

7. 每次测量完毕后，应将转换开关拨到OFF挡，若无此挡则应拨到交流电压最高一挡。若长期不用，应将表内电池取出。

第二节 用万用表测试电气元件

一、二极管测试

用万用表测试低压小型二极管，量程应设在$R\times100$或$R\times1$ k挡。一般不宜用$R\times1$或$R\times10$ k挡，否则会因电流过大或电压过高损坏管子。

1. 二极管极性判断

用红黑笔棒分别接两个电极，黑笔接的是二极管的阳极，红笔接的是二极管的阴极（测出的是正向电阻时，与万用表的黑笔相连的极是正极；测出的是反向电阻时，与万用表的黑笔相连的极是负极）。

2. 测量正向电阻

对于硅管，表针指示位置在中间或中间偏右一点；锗管，表针指示在右端靠近满刻度的地方，表明管子正向特性是好的。如表针在左端不动，则管子内部已断路；若表针不超过满刻度的1/4，则性能较差。

3. 测量反向电阻

对于硅管，表针在左端基本不动，较靠近"∞"位置；锗管，表针从左端启动一点，但不超过满刻度的1/4，表明管子的反向特性是好的。如指针指向0位，则管子内部已经短路。

二、三极管的测试

用万用表测试低压小型三极管，量程应设在 $R\times100$ 或 $R\times1$ k 挡。

1. 三极管极性判断

(1) 基极　以万用表的黑表笔一端接某一管脚，用红表笔分别接另外两管脚。如果二次测得的电阻均小时，则黑表笔一端所接的管脚即是 NPN 型基极 B。以万用表的红表笔一端接某一管脚，用黑表笔分别接另外两管脚。如果二次测得的电阻均小时，则红表笔一端所接的管脚即是 PNP 型基极 B。

(2) 集电极　将待测的 c，e 两脚分别用万用表的两表笔相连，同时在黑表笔所接脚与已测得的基极间连接一个 100 k 电阻，读出数值；然后交换红黑两表笔，再将这一个 100 k 电阻接在黑表笔与基极间再测，比较两次读数，其中测得电阻值较小的一次，黑表笔一端所接的管脚即是集电极。

2. 三极管性能测试

把万用表切换至 ADJ 挡，调零后再切换到 h_{FE} 挡，根据电极性（N 或 P）和管脚（c，b，e）将表笔插入相应的插孔，表针指示的值即为放大倍数。

3. 电阻的测试

选择适当的欧姆挡，测灯泡电阻，使指针尽可能指在中间位置，提高读数的精度。注意，换挡调零。

三、电容器质量的测试

小容量的电容器（几个至几千 PF），用 $R\times10$ k、$R\times1$ k 挡测量时，表针是不动的，即阻值无穷大。容量在 0.01 ~ 0.47 μF 以上的电容器，表针会向右摆，充电完毕后表针又回到无穷大位置。电容量越大表针向右摆动越大。当表针向右摆动很大或到达零处，并停在那里时，说明电容已被击穿或短路。如果表针向右摆动后，回不到无穷大，说明电容漏电，漏电阻大的电容性能好，当漏电阻太小时，电容就不能用了。

测量电解电容时以 $R\times1$ k 挡为宜。为了缩短测量时间，对容量为几千 μF 的大容量，可先用 $R\times1$ k 或 $R\times10$ k 挡充电后再换到 $R\times1$ k 挡测量。应注意到"正向测量"（黑表笔接电解电容的正极）比"反向测量"（红表笔接电解电容的正极）漏电阻大。"正向测量"的漏电阻值代表电解电容的实际漏电阻值的大小。

第三节 便携式兆欧表的使用

便携式兆欧表又称摇表，专门用来测量电气设备及供电线路的绝缘电阻。常用的兆欧表是由一台永磁式手摇发电机和磁电系比率表组成的。经常用的兆欧表有500 V和1 000 V两种。兆欧表上有三个接线柱，即“线路”端（标记“L”）、“接地”端（标记“E”或“⊥”）、“屏蔽”端（标记“G”或标有“保护环”字样）。

使用兆欧表要注意以下几点。

(1)测量电气设备绝缘电阻时，应根据设备额定电压的大小选用不同等级的兆欧表。额定电压在500 V以上的设备，电机绕组及电力变压器的绕组等应选用1 000 V～2 500 V的表；额定电压在500 V以下的设备，一般选用500 V或1 000 V的表；而低压电器设备的绝缘电阻，只能选用100 V～200 V的兆欧表。

(2)为了防止发生人身和设备事故，也为了得到精确的测量结果，被测设备测量前必须切断电源，并将设备充分放电。

(3)仪表的接线柱与被测设备间连接的导线不能用双股线和绞线，应用单股线分开单独连接，以免绞线绝缘不良引起误差。

(4)测量前应先对兆欧表进行一次开路和短路试验，检查仪表是否良好。摇动发电机手柄后（晶体管式的为按下按钮），连接线开路，若指针不指在“∞”处，短路时指针不指在“0”处，则说明表有问题，需要检修。

(5)测量时，手摇发电机应由慢到快，当转速达到120 r/min时，要保持匀速，读数应以指针稳定不变时为准。

(6)在测量电缆的缆芯对外壳的绝缘电阻时，除将缆芯和外壳分别接于“电路”(L)和“接地”(E)接线柱外，还要将电缆壳芯之间的内层绝缘物接“保护环”(G)，以消除因表面漏电而引起的误差。绝缘小于2 MΩ不合格。电动机绝缘电阻小于2 MΩ时需要烘干处理，主要方法有烘箱烘干(90 ℃左右)，热风烘干（灯泡），白炽灯（小太阳）烘干，低电压（如36 V）能电流烘干。绝缘电阻达5 MΩ以上时，保持2～3小时不变，烘干完成。

第四节 电流表、电压表及测电笔的正确使用

一、钳形电流表及应用

钳形电流表是在不断开电路的情况下进行电流测量的一种仪表，按测量范围可分为测量交流电流的和直流电流的两类。

测量交流电流用的钳形表由一只电流互感器和一只整流式电流表组成，当把载流导体卡入钳口时，相当于互感器的初级绕组流过电流，次级绕组将出现感应电流，整流式电流表的指针示出被测电流数值。

使用钳形电流表应注意：

(1)进行电流测量时，被测载流体的位置应放在钳口的中央，以免产生误差；

(2)测量前应先估计被测电流的大小，选择合适的量程，或选择较大的量程，再根据指针偏转的情况减小量程。

(3)为了使读数准确,钳口的两个端面应保证很好的接合,如有杂声可将钳口重新开合一次,如果声音依然存在,可检查接合面上是否有污物;

(4)测量小于5 A以下的电流时,为了测量准确,在条件许可时,可使导线多绕几圈放进钳口进行测量,但实际电流值应为读数除以导线的圈数;

(5)不要在测量的过程中切换量程;

(6)使用钳形电流表测量大电流时,要注意内部互感器的副绕组与电流表组成的串联电路不能开路,否则会产生很高的电压,以致伤人和损坏仪表。

二、交流电流表及交流电压表的使用

1. 交流电流表的使用

测量交流电流时,使用交流电流表。电流表与被测电路串联,要注意电流表的量程,当被测电流超过电流表的量程时,应使用电流互感器。互感器的初级线圈串在被测线路中,次级线圈接电流表。电流互感器必须与电流表配套使用,电流表指示的数值就是被测线路的电流值。

因为电流互感器副边电流决定于原边电流,励磁电流又非常小,所以互感器在工作时,原边电流的磁势几乎被副边电流的磁势全部抵消。因此当互感器工作时,一旦副边开路,原边的磁势全部作用在铁芯中,磁路的磁通猛增,大大超过正常运行时的数值,其结果不但铁损大大的增加,铁芯严重发热,而且会在开路的副绕组的两端感应出数千伏的高压。所以电流互感器在工作时,副边绝对不允许开路,以免高电压伤人和损坏设备。为了保证安全和防止静电积累影响测量精度,必须将互感器的外壳和副绕组的一端可靠接地。另外,在更换电流表时,应先将电流互感器的副边短路,更换仪表后再拆除短接线,互感器的副边不能接保险。

2. 交流电压表的使用

测量交流电压时,使用交流电压表。电压表与被测电路并联,要注意电压表的量程,当被测电压超过电压表最大量程时,需要接电压互感器,互感器的初级线圈并在被测线路中,次级线圈接电压表。电压互感器必须与电压表配套使用,电压表指示的数值就是被测线路的电压值。

由于电压互感器相当于空载运行的变压器,其副绕组绝对不允许短路或过载。为了安全和减小测量误差,使用电压互感器时必须将互感器的外壳和副绕组的一端可靠接地。

三、直流电流表和直流电压表的正确使用

1. 直流电流表的正确使用

测量直流电流时,使用磁电系直流电流表。电流表与被测电路串联,要注意电流表的量程和极性,当被测电流超过电流表最大量程时,应在电路中并联分流器。

2. 直流电压表的正确使用

测量直流电压时,使用磁电系直流电压表。电压表与被测电路并联,要注意电压表的量程和极性,当被测电压超过电压表最大量程时,应在电压表电路中串联附加电阻。

四、测电笔的使用

测电笔是一种测试导线、电器、电气设备是否带电的常用电工工具。它由笔尖金属体、电阻、氖管、笔杆小窗、弹簧和笔尾金属体等组成。常用测电笔有钢笔式和旋凿式两种。如

果把测电笔的笔尖金属体与带电物体相接触(如火线),笔尾金属体与人手相接触,那么氖管就会发光,而人并无其他感觉。如果氖管发光,证明被测物体带电;氖管不发光,证明被测物体不带电。

使用测电笔时应注意:

(1)人手一定要接触笔尾的金属体,否则物体带电时,氖管也不发光;

(2)测电笔在每次使用前要在带电的火线上预先测试一下,检查它是否完好;

(3)测电笔要保持干燥、清洁、绝缘良好,防止漏电伤人;

(4)低压测电笔只能在带电体对地电压在250 V以下时使用。

第二章　常用低压电气设备及维护

第一节　船舶常用电器的维护(按钮、接触器、继电器)

为了保证船舶电气设备的可靠运行应经常做好常用电器的维护工作。

一、按钮

按钮开关是一种结构简单应用广泛的主流电器,一般情况下不直接控制主电路的通断,而是在控制电路中发出手动“指令”去控制接触器、继电器等电器,再由它们去控制主电路,也可以用来转换各种信号线路与电器连锁线路。按钮的触头允许通过的电流很小,一般不超过5 A,其外形、结构和符号如图2-1所示。

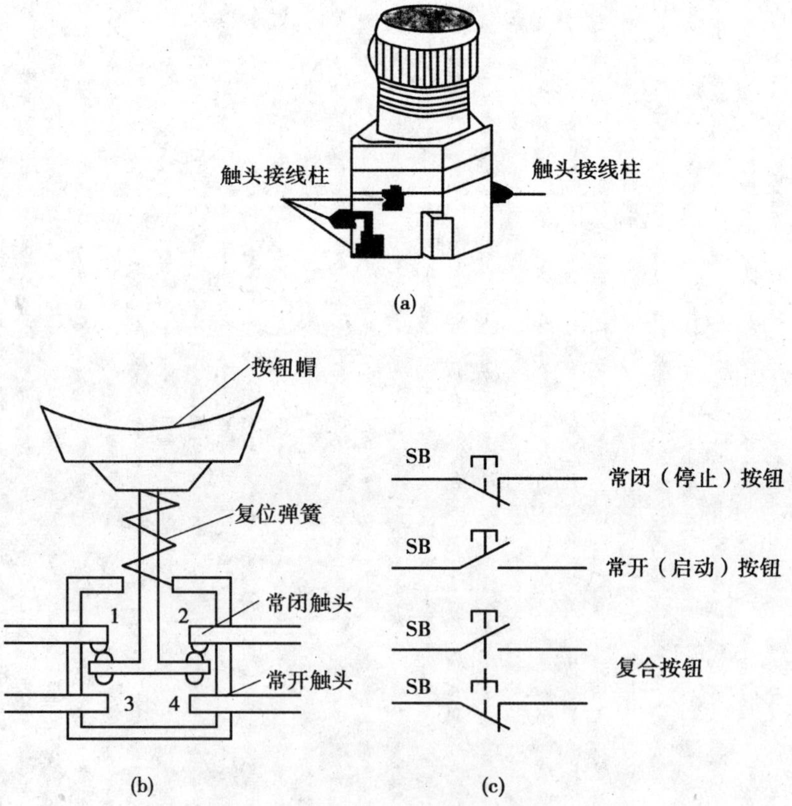

图2-1　按钮外形、结构及符号

(a)外形;(b)结构;(c)符号

按钮开关一般是由按钮帽、复位弹簧、桥式动触头、静触头和外壳组成的。按钮开关按用途和触头的结构不同,分为停止按钮(常闭按钮)、启动按钮(常开按钮)和复合按钮(常开、常闭组合按钮)。常开按钮是指手指未按下时,触头就是断开的,见图 2-1(b)中的 3 和 4。当手指按下按钮帽时触头 3 和 4 被接通,而手指松开后,按钮在复位弹簧作用下自动复位。常闭按钮是指手指未按下时,触头就是闭合的,见图 2-1(b)中的 1 和 2,当手指按下时,触头 1 和 2 断开,当手指松开后,按钮在复位弹簧作用下复位闭合。复合按钮是指当手指未按下时,触头 1 和 2 是闭合的,3 和 4 是断开的,当手指按下时,触头 1 和 2 断开,3 和 4 闭合,而手指松开后,触头全部恢复原状。为了便于识别各个按钮的作用,避免误操作,通常在按钮上作出不同标志或涂以不同的颜色,一般常以红色表示停止按钮,绿色或黑色表示启动按钮。

常用按钮的型号含义说明如下:

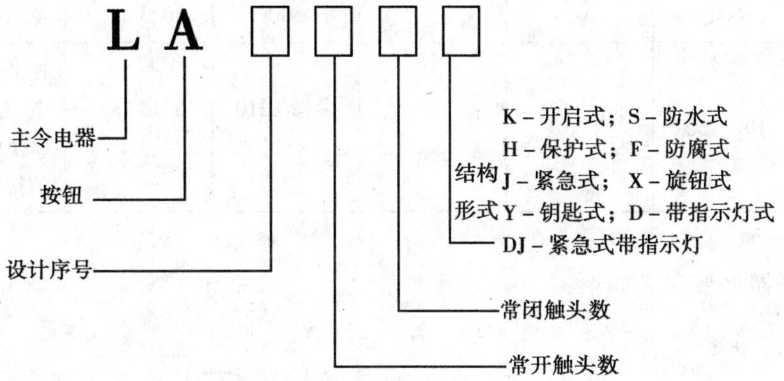

二、接触器

接触器是利用电磁吸力和弹簧反作用力配合动作,而使触头闭合与分断的一种电器。常用来接通或切断交、直主电路和控制电路的自动控制电器。其主要控制对象是电动机,也可用于其他电力负载,如电热器、电焊机等的控制。接触器的作用不仅仅是接通和切断电路,还具有欠电压释放保护、零压保护等作用,其具有控制容量大,适合频繁操作和远距离控制,工作可靠、寿命长等优点,因此接触器在电力拖动与自动控制系统中是应用最多的一种电器。

(一)交流接触器

1. 交流接触器的常见型号

常用的交流接触器有 CJ10,CJ12,CJ12B 及 CJO20 型等系列,表 2-1 是它们的技术数据。有些老产品的型号为 CJO,CJ8,CJ1,CJ2,CJ3,CT91,CT13 等。

表 2-1 常用交流接触器技术数据

型号	主触头额定电流/A	辅助触头额定电流/A	可控电动机最大功率/kW		吸引线圈电压/V	用途说明
			220 V	380 V		
CJ10-10 CJ10-20 CJ10-40 CJ10-75	10 20 40 75	5	2.5 5.5 11 22	4 10 20 40	36,110,127, 220,380,440	主要用于远距离或频繁控制电动机及通断电力线路;另作 QC10 磁力启动器的接触器

表 2－1　常用交流接触器技术数据(续)

型号	主触头额定电流/A	辅助触头额定电流/A	可控电动机最大功率/kW		吸引线圈电压/V	用途说明
			220 V	380 V		
CJ12－100 CJ12B CJ12－250 CJ12	100 250	10		50 125	36,127, 220,380	主要用于远距离或频繁控制电动机及通断电力线路
CJ913	400 600	10		200 300	24,110, 220,380	控制电动机及通断电力线路
CJ8	10～150	5		参考 CJ10 系列	36,127, 220,380	控制电动机及通断电力线路；另作 QC10 磁力启动器的接触器

交流接触器型号含义如下：

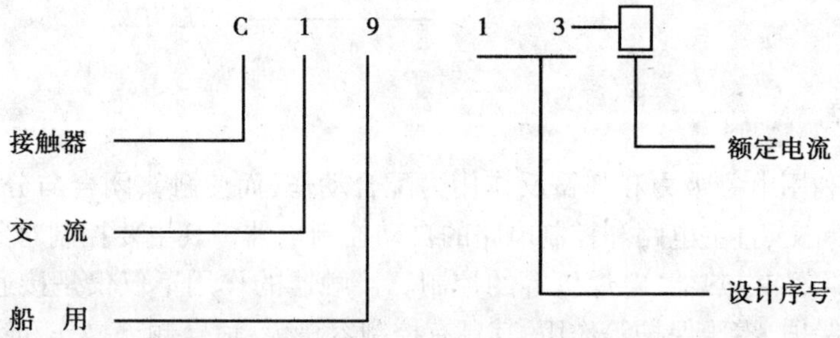

2.　交流接触器的基本结构

交流接触器的主要部分由电磁系统、触头系统、灭弧装置和反作用弹簧组成。图 2－2 是交流接触器的外形、结构及符号示意图。对同一接触器上不同部件，如线圈、主触头和辅助触头在原理图上常分开画出，并冠以不同的图形符号，但都标以同一文字符号如 KM，如图 2－2(b)所示。

(1)电磁系统　包括吸引线圈、动铁芯(又叫衔铁)和静铁芯三部分。

交流接触器线圈是由绝缘铜导线绕制而成的，一般制成粗而短的盘形，以增加散热面积，减少损耗，线圈与铁芯之间有一定的间隙，以免与铁芯直接接触而受热烧坏。

交流接触器的铁芯用硅钢片叠铆而成，通常做成双 E 型，分别为动、静铁芯。在静铁芯上装有一个短路铜环，又称减振环，如图 2－3 所示。短路环的作用是减少交流接触器吸合时产生振动和噪声。当电磁线圈中通有交流电时，在铁芯中产生的磁通是交变磁通，对衔铁的吸力也是变化的。当磁通经过零值时，铁芯对衔铁的吸力也为零，衔铁受弹簧的反作用力有释放的趋势。这时衔铁不能被铁芯吸牢，就产生振动，并发出噪声。为了消除这一振动现象，在衔铁柱端面上嵌装一个短路环。当电磁线圈通入交流电后，线圈电流 I_1 产生磁通 ϕ_1

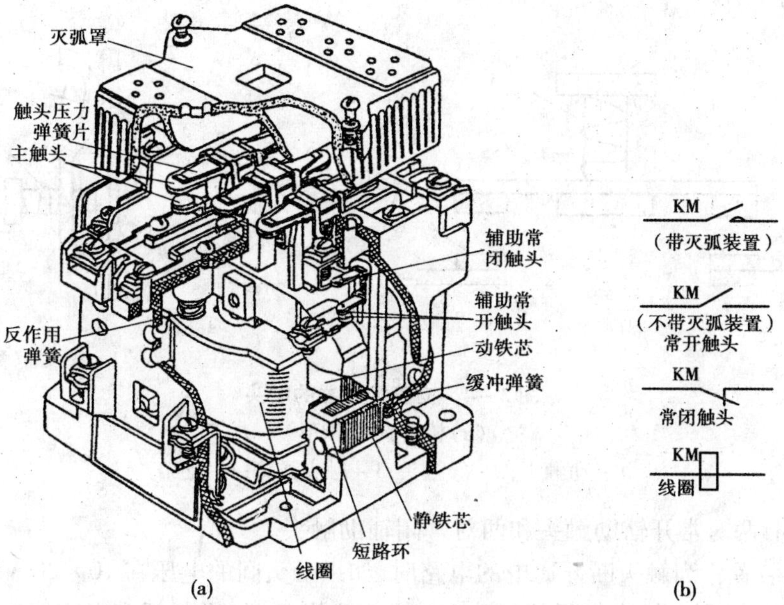

图 2-2 交流接触器的外形、结构及符号
(a)外形及结构；(b)符号

短路环中产生感应电流 I_2，进而产生合成磁通 Φ_2，因为电流 I_1 和 I_2 相位不同，所以 Φ_1 和 Φ_2 的相位也不同，即 Φ_1 与 Φ_2 不同时为零。这样当 Φ_1 经过零时，Φ_2 不为零而产生吸力，衔铁始终被铁芯吸牢使振动和噪声显著减少。短路环一般用铜、康铜和镍铬合金等材料制成。

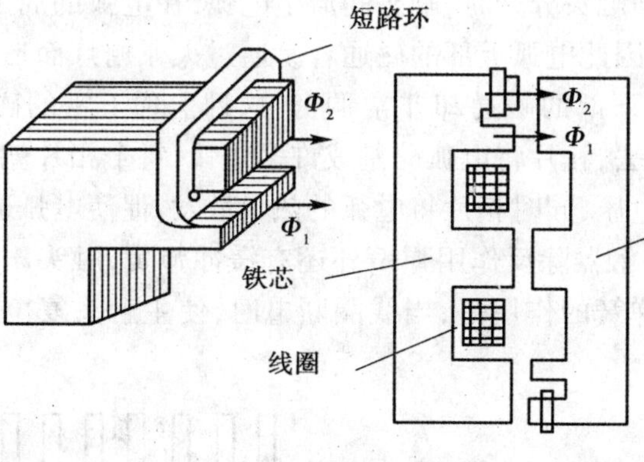

图 2-3 交流接触器铁芯的短路环

(2)触头系统 触头系统包括动触头、静触头、触头弹簧及支架等。支架受与之相连的电磁机构控制，带动动触头动作。交流接触器触头结构形式有桥形双断面触头和指形单断面触头，如图 2-4 所示。

接触器的触头分为主触头和辅助触头，主触头用以通断电流较大的主电路，体积较大，一般由三对常开触头组成；辅助触头用以通断小电流的控制电路，体积较小，它有常开和常闭两种。所谓“常开”、“常闭”是指电磁系统未通电时，其动、静触头处于断开状态，线圈通电后就闭合，所以常开触头又叫动合触头。常闭触头是指线圈未通电时，其动、静触头是闭合的，而线圈通电后则断开，所以常闭触头又叫动断触头，CJ10-20 系列交流接触器有三对

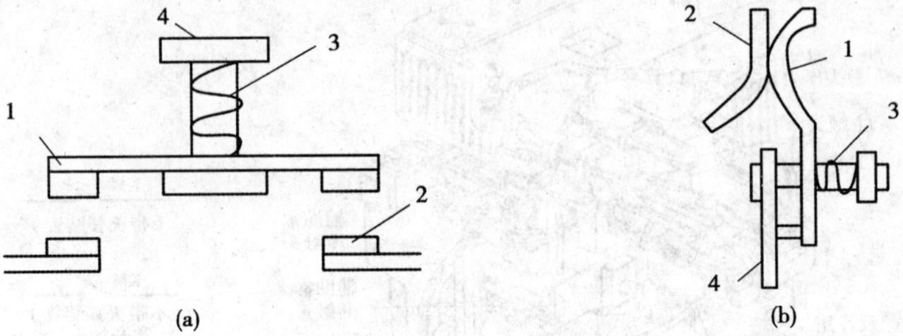

图 2-4　交流接触器的触头

(a)桥形;(b)指形

1-动触头;2-静触头;3-触头弹簧;4-支架

常开主触头,有两对常开辅助触头和两对常闭辅助触头。

(3)灭弧装置　当触头断开通电的电路时,如果触头间的电压在 10~20 V 以上、电流在 10~100 mA 以上,则在触头打开的间隙中就会产生电弧;如果断开大电流或高电压电路,在动、静触头之间就会产生很强的电弧。电弧是触头间气体在强电场作用下产生的放电现象,发光发热并会灼伤触头,甚至能使触头熔合;电弧向四周喷射,会造成线路相间短路,甚至造成火灾;电弧使电路切断时间延迟,影响接触器的正常工作。为此,对容量较大的交流接触器(一般指 20 A 以上的)往往采用灭弧栅来进行灭弧。其结构及原理如图 2-5 所示。灭弧栅由镀铜的薄铁片组成,薄铁片插在由陶土或石棉水泥材料压制成的灭弧罩中,各片之间是相互绝缘的。当动触头与静触头分开时,触头间产生电弧,在电弧的周围产生磁场。由于薄铁片的磁阻比空气小得多,因此电弧上部的磁通容易通过灭弧栅片而形成闭合磁路,在电弧上部磁通非常稀疏,而电弧下部的磁通却非常稠密,这种上稀下密的磁通产生向上的运动力,把电弧拉到灭弧相片中去,相片将电弧分割成许多短弧,每个相片就成为电弧的电极,相片间的电弧电压低于燃弧电压,同时相片将电弧的热量散发,促使电弧迅速冷却而熄灭。

(4)其他部分　交流接触器除反作用弹簧外还有缓冲弹簧,触头压力弹簧片,传动机构和接线柱等部分。反作用弹簧的作用是,当线圈断电时,使主触头复位分断。缓冲弹簧,是

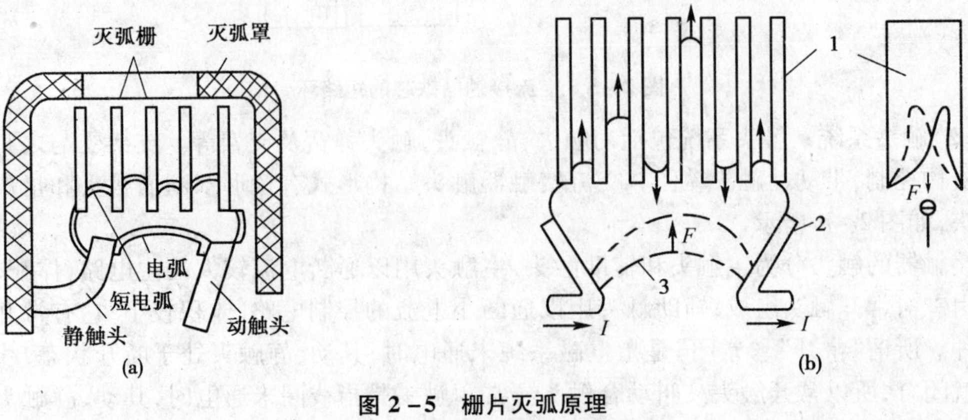

图 2-5　栅片灭弧原理

(a)正面图;(b)侧面图

安装在静铁芯与胶木底座之间的一个刚性较强的弹簧，它的作用是缓冲动、静铁芯的冲击力，以保护胶木外壳免受冲击，不易损坏。触头压力弹簧片的作用是增加动、静触头之间的压力，从而增大接触面积，以减小接触电阻，否则，由于动、静触头之间的压力不够，会使动、静触头之间的接触面积减少，接触电阻变大，使触头过热而损伤。

3. 交流接触器的工作原理

如图2－2(a)所示，电磁线圈通电后，线圈电流产生磁场，使静铁芯产生足够的吸力克服反作用弹簧力，将衔铁向下吸合，使三对常开主触头闭合。主触头两侧的两副常闭辅助触头同时断开，两副常开辅助触头随之闭合。当接触器线圈断电时，静铁芯吸力消失，动铁芯在反作用弹簧的作用下复位。

(二)直流接触器

直流接触器主要用以控制使用直流的用电设备，它的结构和工作原理与交流接触器的基本相同，如图2－6所示。直流接触器也由电磁系统、触头系统和灭弧系统等三个主要部分组成。

1. 电磁系统

包括线圈和动、静铁芯。直流接触器的铁芯与交流接触器不同，因为直流接触器中通的是直流电，铁芯中不会产生涡流，故铁芯可用整块铸钢或铸铁制成，也不需短路环。铁芯没有涡流故不会发热，而线圈匝数较多，电阻大，铜损大，所以线圈本身发热是主要的。为使线圈散热良好，通常将线圈做成长而薄的圆筒状。

2. 接触系统

直流接触器有主触头和辅助触头之分，主触头由于通断电流大，故采用滚动接触，如图2－4(b)所示。辅助触头通断电流小，常采用点接触的桥式触头，如图2－4(a)所示。

3. 灭弧装置

在直流接触中一般采用磁吹灭弧法。灭弧装置设有与触点串联的磁吹灭弧线圈，电弧在灭弧磁场的作用下受力拉长而加速冷却至熄灭，如图2－7所示。

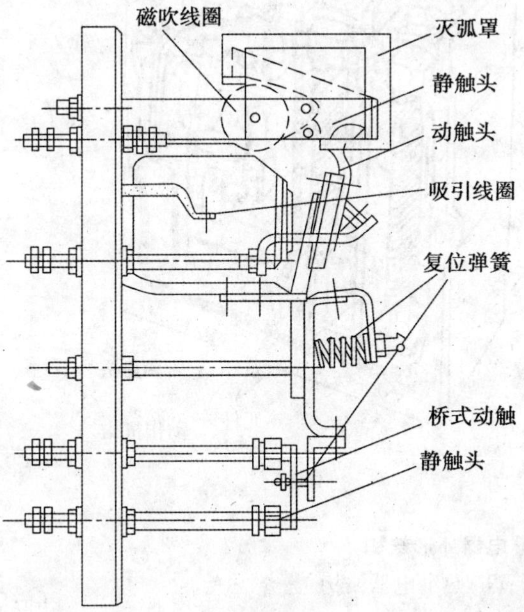

图2－6 直流接触器

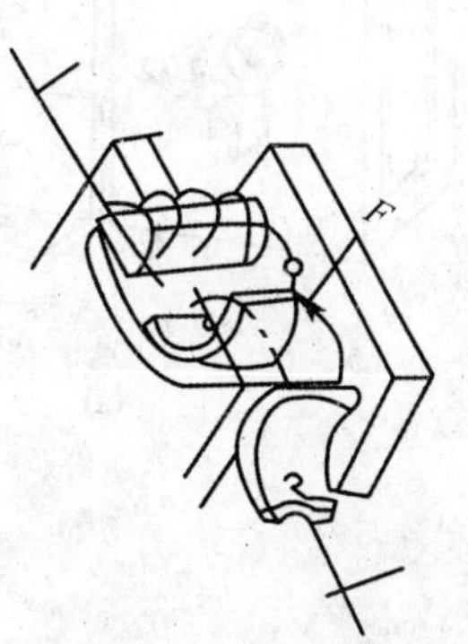

图2－7 磁吸灭弧

因为直流接触器的线圈通的是直流电，没有冲击启动电流，不会产生铁芯猛烈撞击的现象，因此寿命长，适宜于频繁启动的场合，船上常用的型号有 CT91，CZ0，CS91，CZ911 等。

三、继电器

继电器是一种根据某种输入信号的变化，而接通或断开控制电路，实现自动控制和保护电力拖动的电器，这里所说的输入信号可以是电压、电流等电气量。同接触器相比较，继电器的触头断流容量很小(5～10 A)，一般不需灭弧装置，而且结构简单，体积小，质量轻，但对继电器动作的准确性则要求较高。在船舶自动控制系统中常用的继电器有热继电器、时间继电器、压力继电器和温度继电器等，现在就上面四种继电器作一详细论述。

(一)热继电器

热继电器是利用电流的热效应切断电路的保护电器，它在电路中用作电动机的过载保护。若电动机过载不大，时间较短，只要电机绕组的温升不超过容许值，这种过载是被允许的。若过载时间过长或电流过大，使绕组温升超过了容许值，将使绕组的绝缘老化，缩短电动机的使用年限，严重时甚至会使电动机绕组烧毁。电路中虽有熔断器，但熔丝的额定电流为电动机额定电流的 1.5～2.5 倍，故不能可靠地起到过载保护。短路保护由熔断器来完成，因为热继电器中双金属片受热膨胀需要一定的时间，当电动机发生短路时，电流很大，热继电器还来不及动作，供电线路和供电设备就可能已损坏。

1.　热继电器的结构和型号

如图 2－8 所示热继电器的基本结构由热元件、触头系统、动作机构、复位按钮、整定电流装置和温升补偿元件等部分组成。

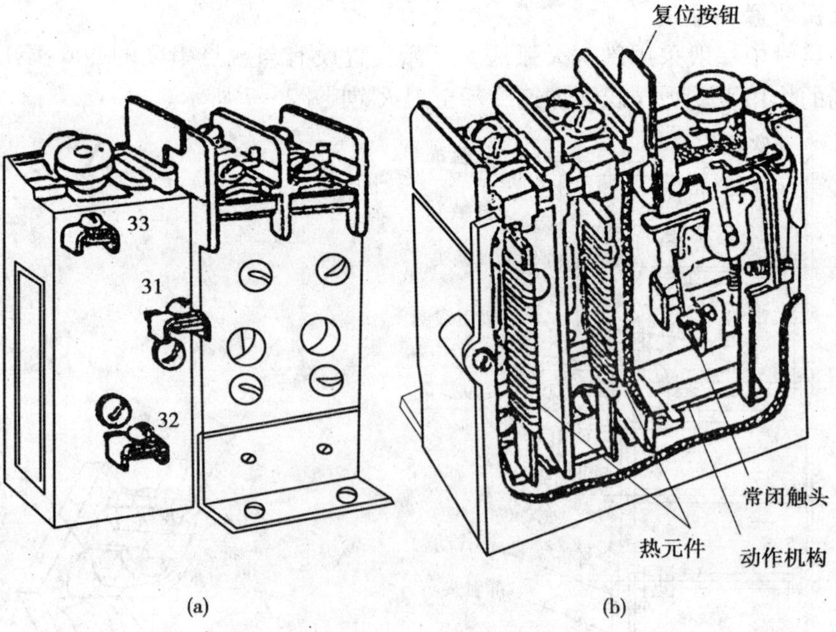

图 2－8　热继电器外形结构

(a)热继电器外形；(b)热继电器结构

图 2－9(a)是热继电器结构原理图；2－9(b)是热继电器在电气原理图中的符号。热元

件共有两块，是热继电器的主要部分，它由主双金属片1，2及围绕在双金属外面的电阻丝组成。双金属片由两种热膨胀系数不同的金属片焊合而成，如铁镍铬合金和铁镍合金。电阻丝一般用康铜、镍铬合金等材料组成。使用时将电阻丝直接串接在异步电动机的两相电路上，常闭触头8与9接于电动机控制电路的接触器线圈支路上。当电动机绕组因过载引起过载电流，并经一定时间后，发热元件所产生热量足以使主双金属片1和2弯曲，并推动导板向右移动一定距离，导板5又推动补偿片6与推杆7，使动触头8与静触头9分开，从而使电动机接触器线圈断电释放，将电源切除起到保护作用。电源切断后，热继电器开始冷却，过一段时间后双金属片复原状，于是触头8在弹簧13作用下，自动复位与触头9闭合。

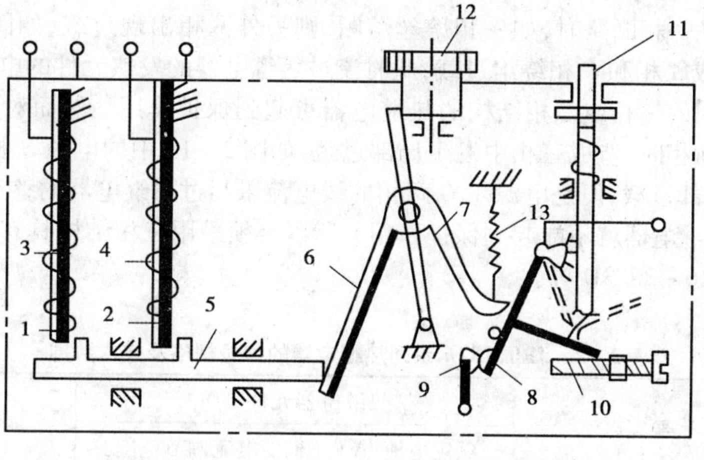

(a)

(b)

图2-9　热继电器的原理和符号

(a)热继电器原量；(b)符号

1，2－主双金属片；3，4－加热元件；6－温度补偿片；7－推杆；

8－动触头；9－静触头；10－螺钉；11－复位按钮；12－凸轮；13－弹簧

按下复位按钮11，可实现手动复位。若不能实现手动复位，可将螺钉10拧出到一定位置就可以了。

2.　热继电器的整定电流

热继电器的整定电流是指继电器长期不动作的最大电流，超过此值即动作。热继电器中凸轮12上方是整定旋钮，刻有整定电流值的标尺，旋动旋钮时，轮压迫支撑杆绕交点左右移动，支撑杆向左移动时，推杆7与连杆8的杠杆间隙加大，热继电器的热元件动作电流增大，反之动作电流减小。

3. 三相结构和带断相保护的热继电器

热继电器只有两个加热元件属于两相(极)结构热继电器。此外,还装有三个发热元件的三相结构热继电器,其外形结构及动作原理与二相结构的热继电器类似。在一般情况下,因为电源的三个相电压均衡,电动机的绝缘良好,电动机的三个线电流也必将相等,所以两相结构的热继电器能够对电动机的过载进行保护。但是,当三相电源严重不平衡时,且又当电动机绕组内部发生短路故障时,就有可能使电动机的某一相的线电流比其余两相的线电流高,若该相线路中恰巧没有热继电器的发热元件,就不能可靠地起到保护作用。由于这种情况,就必须选用三相结构的热继电器。

在表 2-2 中,型号有“D”的说明该产品具有断相保护功能。因为对于 Y 形接法的电动机,当线路上发生一相断路时,如一相熔丝熔断,则另外两相出现过载,如图 2-10 所示,电源 B 相断路,造成 A 相和 C 相绕组过载,此时流过热继电器的发热元件的电流就是电动机的电流,因此用普通的三相或二相结构的热继电器可起到保护作用。然而对于△形接法的电动机,发生一相断相时,造成三相中发生局部过载,如图 2-11 中的电源 B 相断路,造成电动机 C 相绕组的局部过载,但是电源 A,C 两相的线电流未超过热继电器的整定值,因此用普通的二相结构的热继电器就不能起到保护作用。所以必须采用三相结构具有断相保护功能的热继电器,如 JR16-20/3D 等。

表 2-2 JR0,JR16 系列热继电器的型号规格及技术数据

型号	额定电流/A	热继电器元件等级		主要用途
		额定电流/A	刻度电流调节范围/A	
JR0-20/3	20	0.35	0.25~0.3~0.35	供交流 500 V 以下的电气回路中作电动机过载保护用
JR0-20/3D	20	0.5	0.32~0.4~0.5	
JR16-20/3	20	0.72	0.45~0.6~0.72	作电动机过载保护
JR16-20/3D	20	1.1	0.68~0.9~1.1	
		11	6.8~9~11	
		22	14.0~18.0~22.0	
JR0-40/3	40	0.64	0.4~0.64	
JR0-40/3D	40		25~40	

型号含义说明如下:

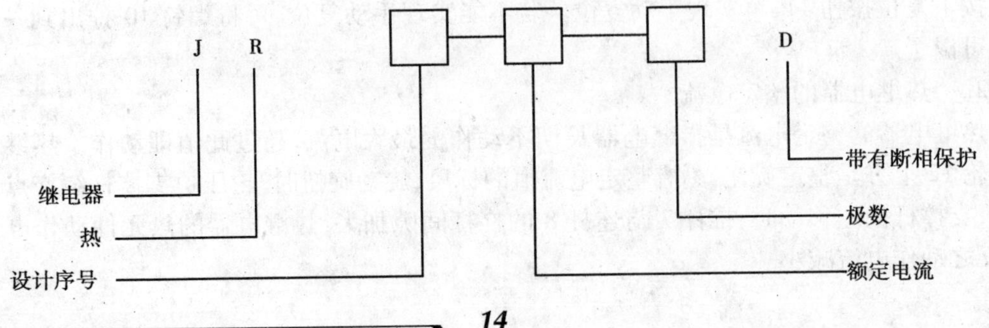

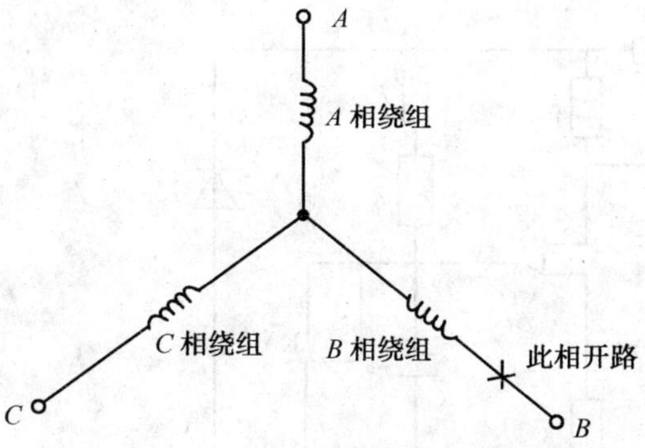

图 2－10　Y 形接法的电动机某相断路情况

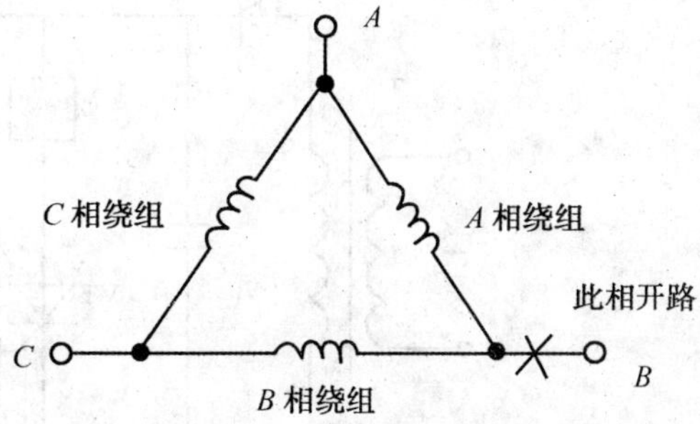

图 2－11　△形接法的电动机某相断路情况

(二)时间继电器

1.　晶体管时间继电器

采用单结晶体管延时电路的时间继电器，常用的有 JSB，其主要技术参数见表 2－3。JSB 型晶体管时间继电器的优点是线路简单，所用元件数量少，采用有触头(继电器 J 的触头)和无触头(单结晶体管本身)相结合的方式放电，放电较彻底，因而重复误差小。

表 2－3　JSB 型晶体管时间继电器主要技术参数

型号	电源电压/ V	外电路触点		延时时间/s	延时误差
		数量	容量		
JS13－1 JS13－3 JS13－6 JS13－12 JS13－18	交流： 127，220，380	不少于 1 个常开和 1 个常闭	直流 110 V 1 A (无感负载)	10 30 60 120 180	不大于 ±5 %

图 2－12 所示为 JSB 型晶体管时间继电器的原理图。该线路由直流电源(包括变压器 T，整流二极管 VD、滤波电容 C_1、稳压管 VS)、RC 充放电回路，触发器(触发脉冲形成及晶闸管并关) 和执行继电器等四部分组成。其延时过程如下：当接通交流电源(此时刻延时开始计时)，由整流、滤波、稳压得到的直流电压，经电阻 R_5 和可变电阻 R(可调整延时时间) 对电容器 C 充电，其两端电压便逐渐上升，一旦当电容器 C 的端电压达到单结晶体管 VU 的峰点(值) 电压时，VU 导通。于是导通电流经 R_4 输出一个脉冲给晶闸管 VT 的控制极，使之变导通，并使执行继电器 KA 线圈获电动作，则有关触头动作，控制有关线路，完成了延时动作。延时的时间可用 $RW \cdot C$ 估算。当 KA 的常开触头闭合将电容器 C 放电较彻底时，为下次工作做好了准备。该电路只能得到短延时(10 ～ 180 s)，电容器 C 需采用价格较贵的钽电容器，这是该继电器不足的地方。

2.　空气阻尼式时间继电器

空气阻尼式时间继电器又叫气囊式时间继电器，它主要由电磁系统，工作触头，气室和传动机构等四部分组成，其外形和结构如图 2－13 所示。其中，电磁系统由线圈、衔铁和铁

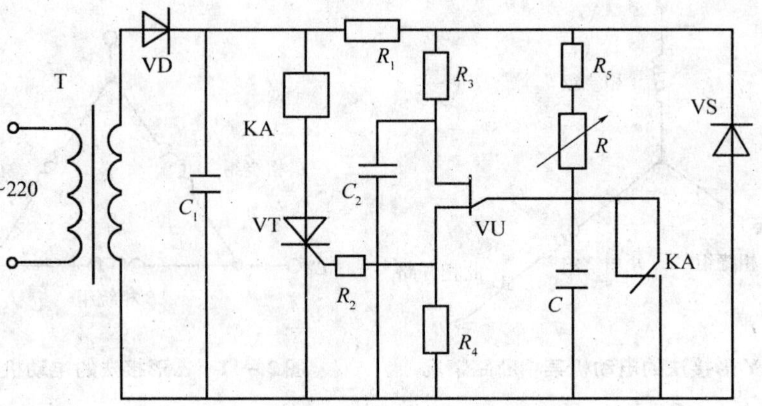

图 2－12　JS13 型晶体管事件继电器原理

芯组成，其他还有反力弹簧和弹簧片。工作触头由两副瞬时触头（一副瞬时闭合，一副瞬时断开）及两副延时触头组成。气室内有一块橡皮薄膜，随空气增加而移动，气室上面的调节螺钉可调节延时的长短。传动机构由推板、活塞杆、杠杆及宝塔形弹簧组成。

空气阻尼式时间继电器型号含义如下：

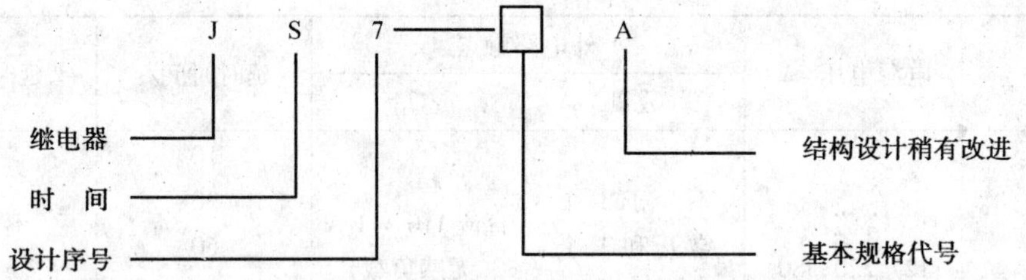

JS7－A 系列空气阻尼式时间继电器技术数据如表 2－4 所示。

表 2－4　JS7－A 系列空气阻尼式时间继电器技术数据

型号	瞬时动作触头数量		有延时的触头数量				触头额定电压/V	触头额定电流/A	线圈电压/V	延时范围/s
	常开	常闭	通电延时		断电延时					
			常开	常闭	常开	常闭				
JS7－1A	—	—	1	1	—	—	380	5	24,36	0.4～60 及 0.4～180
JS7－2A	1	1	1	1	—	—			110,127	
JS7－3A	—	—	—	—	1	1			220,380	
JS7－4A	1	1	—	—	1	1			420	

空气阻尼式时间继电器的工作原理有断电延时原理和通电延时原理两种。

第一，断电延时原理。

断电延时时间继电器如图 2－13(b) 所示。当电路通电后，电磁线圈的静铁芯产生磁场力，使衔铁克服反作用弹簧的弹力被吸合，与衔铁相连的推板向右运动，推动压缩宝塔弹簧，使气室内橡皮膜和活塞缓慢向右移动，通过弹簧片使瞬时触头动作，同时也通过杠杆使延时触头作好准备。线圈断电后，衔铁在反作用弹簧作用下被释放，瞬时触头复位，推杆在宝塔弹簧作用下，带动橡皮膜和活塞向左移动，移动速度由气室进气口节流程度决定，其节流程度可调节螺丝完成。这样经过一段时间间隔后，推杆和活塞到最左端，使延时触头动作。

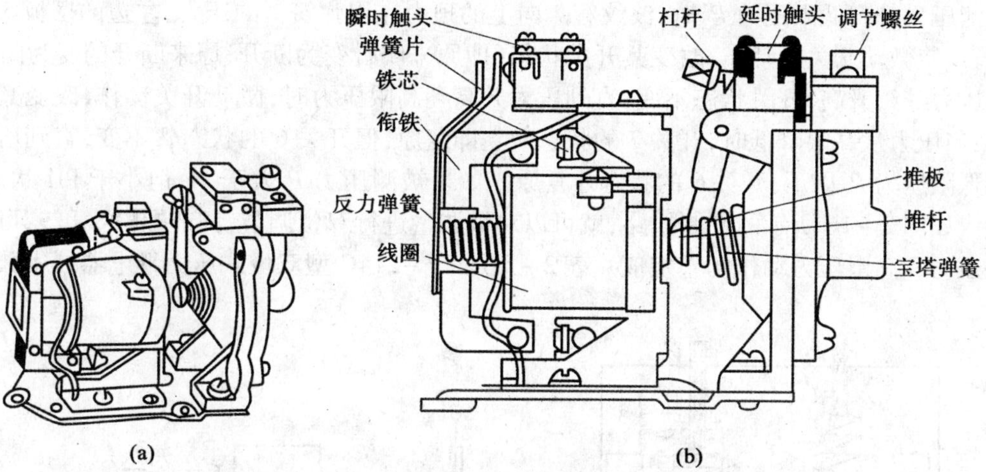

图 2－13　JS7－A 系列时间继电器外形及结构

(a)外形；(b)结构

第二，通电延时原理。

当线圈通电时，各触头不立即动作，而要延长一段时间才动作。其工作原理与断电延时原理相似。

时间继电器在电气原理图中的符号如图 2－14 所示。

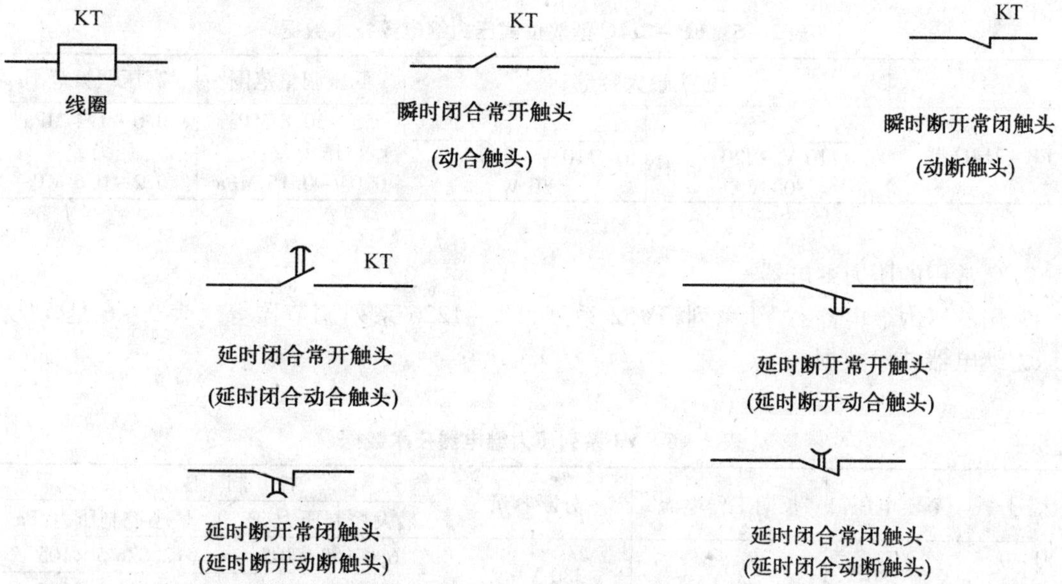

图 2－14　时间继电器符号

（三）压力继电器

1．双位式压力继电器

压力继电器经常用于机舱的气压、水压和油压等系统中的保护。在操纵和控制系统中，它通过风动或液压系统的压力变化来控制泵的工作或发出相应的信号。机舱内海水、淡水柜的水位双位自动控制、空压机的自动控制等都采用双位式压力继电器。双位式压力继电器的结构示意图如图 2－15 所示。其工作原理为：将下部管子与被测气压空间部位相连接，当被测压力升到低限压力 P_2 时，波纹管 4 向上的顶力克服弹簧 1 的压力，左边的摆板 5 逆时针偏转，使微动开关 6 动作，改变其开关状态（即原来闭合变为断开，原来断开的变为闭合）；随着压力继续升高，开关状态不变；直到压力升高到高限压力时，微动开关动作，改变其开关状态；当压力从高限降低时，开关 7 的状态又立即复原，但开关 6 的状态暂不变，直到压力降低到低限压为 P_2 以下，开关 6 的状态才复原。如果被测压力 P 大于 PL 但小于 PH 状态时，连接成如图 2－16 所示的控制线路，就可以对被调量进行双位调节，调节螺帽 8 和 9，可调节低限压力和高限压力动作的整定值。表 2－5 是 FP－214C 型双位式压力继电器技术数据。

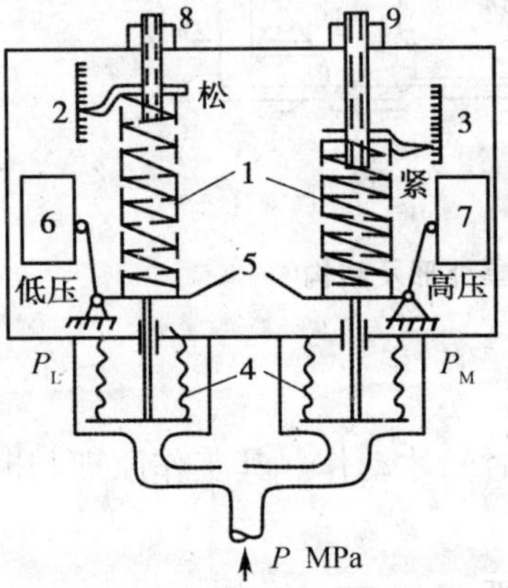

图 2－15　双位式压力继电器

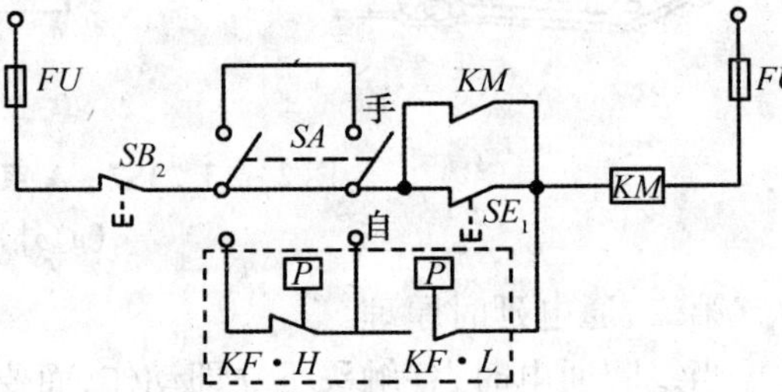

图 2－16　双位自动控制电路

表 2－5　FP－214C 型双位式压力继电器技术数据

型号	触头最大容量		低压调整范围	高压调整范围
	交　流	直　流	55～30.8 MPa	0.6～1.4 MPa
FP－214C 型	110 V～220 V 300 VA	110 V～230 V 50 W	压力差： 0.04～0.15 MPa	压力差： 0.2～0.6 MPa

2．常用的压力继电器

常用的压力继电器有 YJ 系列，TE52 系列，YT－1226 系列调节器等。表 2－6 是 YJ 系列压力继电器技术数据。

表 2－6　YJ 系列压力继电器技术数据

型号	额定电压	长期工作电流	分断容量	控　制　压　力	
				最大控制压力/Pa	最小控制压力/Pa
YJ－0	交流 380 V	3 A	380 V · A	6.079 5 × 105	2.026 5 × 105
YJ－1				2.026 5 × 105	1.032 5 × 105

YT1226 型压力调节器有关技术数据为：控制范围 0～0.1 MPa；触头容量 AC380V3A；DC220V 2.5A；0.07～0.25 MPa，其结构示意图如图 2－17 所示。将下部管与被测的气压空间部位相连接，当压力升高时，通过波纹管 3 使平衡杆 1 发生偏转，带动支杆 2 动作，使微动开关动作时常闭触头断开，常开触头闭合。压力继电器的调整非常方便，只须放松或拧紧调整螺母 6 即可改变控制压力。

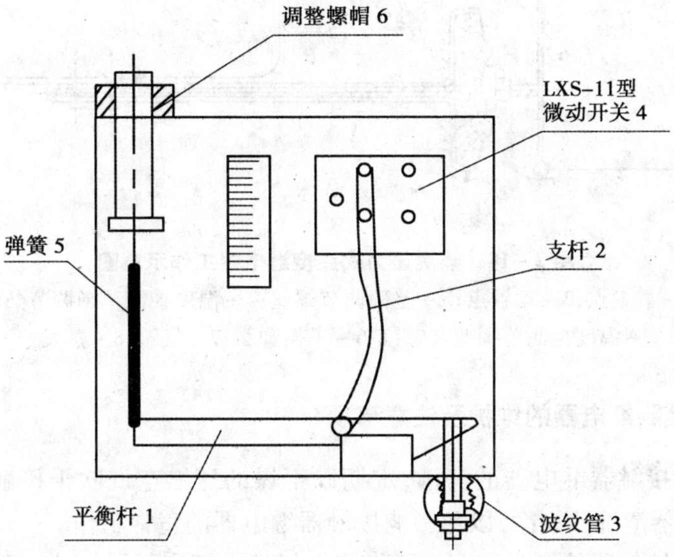

图 2－17　YT1226 型压力调节器示意图

（四）温度继电器

温度继电器是船舶制冷装置自动控制的重要器件，它可以实现对库温及其波动范围的控制。温度继电器的测温元件置于冷库中，当温度达到整定值下限时，温度继电器触头断开，切断电磁阀的电路，使电磁阀关闭；当库温上升到整定值上限时，则温度继电器将电磁阀重新打开，于是库温又下降，实现对库温的双位控制。

下面叙述一下蒸汽压力式温度继电器。其结构由三部分组成：①感温部分包括气箱、毛细管、感温剂；气箱由波纹管或膜合组成；感温剂是氯甲烷（R40 或 R12）等；②机械传力机械由平衡杠杆、弹簧、调节凸轮或螺丝等组成，它将感温部分压力变化的位移放大后，控制触点机构动作；③触点机构由动触点、静触点和快跳弹片等组成，它属于电器部件。图 2－20 是蒸汽压力式温度继电器工作示意图。

工作过程：由气箱（波纹管或膜合）、毛细管、感温包和充入饱和蒸汽压力的感温剂组成密闭感温系统。该系统受到温度变化影响时，系统内压力也随着变化。感温系统中只有气箱是非刚性元件，随着压力变化而发生收缩和膨胀，将温度变化转化为压力变化的传感器件。将这种微小的变化，即“位移”通过温度继电器中的机械传力机械加以放大，再操纵触点机构，产生接通和断开的双位式控制。如图 2－18 所示，感温包被夹持在蒸发器出口，或支持在冷却空间中，以感受温度之变化，使气箱发生位移；并在平衡弹簧的作用下，使杠杆移动，控制了快跳的动触点，直接地操纵电路“通”与“断”。使电动机运转或停止，也就是制冷系统工作或停止。

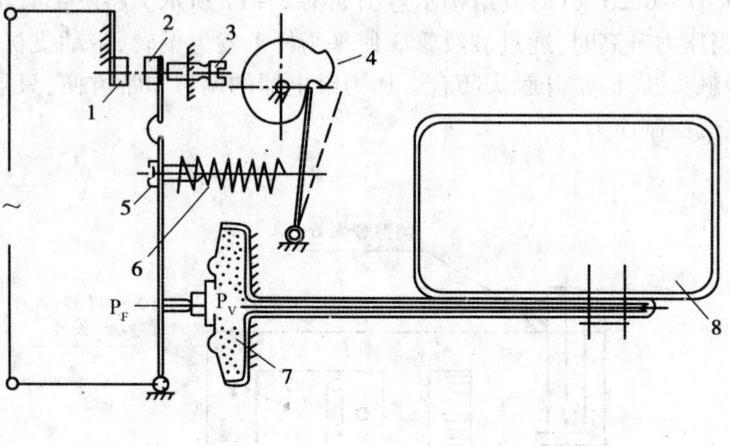

图 2-18 蒸汽压力式温度继电器工作示意图

1-静触点;2-动触点;3-差额调节螺丝;4-温度控制范围调节凸轮
5-温度控制范围调节螺钉;6-平衡弹簧;7-气箱;8-蒸发器

四、船舶接触器、继电器的维护及注意事项

(1)经常保持接触器继电器的清洁,定期以干燥的压缩空气吹干接触器继电器上的灰尘,或用刷子蘸电器清洗液刷净,以免影响接触器继电器的正常工作。

(2)定期检查接触器的触头压力、开距,使之保持在规定的范围内。触头的压力不正确会造成触头磨损过快或烧毛,触头上不得涂抹润滑油。

(3)定期检查衔铁与铁芯接触是否紧密,清除接触处的污物。

(4)对于接触器灭弧罩应安装牢固,灭弧片数不得缺少。若振裂或烧损严重应更换。

(5)弹簧长期使用后失去弹性或疲劳断裂时,应及时更换。

(6)要定期检查接触器继电器的各紧固件是否松动。连接导线的紧固件松动后,接触电阻大,会引起局部过热。可根据金属零件变色、绝缘发热或烧焦等现象来判断过热点。发现后应停电检查,松开紧固螺钉,用细锉轻轻锉去导电零件接触面上的氧化物,然后重新紧固。

(7)更换接触器继电器时要注意保证其规格与原来相同,特别要注意的是不能以小代大。更换线圈时要注意线圈的电压要与原来相符,否则该电器不能正常工作或烧毁线圈。

(8)定期检查线圈、铁芯的温升是否过高,声音是否正常,检查灭弧罩是否完好,及时更换破裂的灭弧罩。

(9)经常检查触头闭合的情况。发现触头烧毛、熔焊或缺损,需用小锉刀进行平整,人为地闭合触头,观察吻合状况,然后用零号砂纸进行光洁。如果发现严重缺损,必须更换。对于镀银或银合金触头有斑点时,不能用砂纸光洁,只能用汽油或酒精清洁。

触头的初压力和终压力可按下列经验公式估算:

触头的终压力 $Fz = 2.25IH/100\ KG$,式中 IH 为触头的额定电流(安);

触头的初压力 $F_C = 0.5\ Fz$。

触头的初压力和终压力可用弹簧称进行测量。

①触头的初压力的测量　将接触器的触头处于断开位置，在动触头和触头支架之间夹一张薄纸条，然后把弹簧称钩住动触头，用力向外拉，当纸条正好开始松动时，此时弹簧称指示的值便是触头初压力。

②触头的终压力的测量　将接触器的触头处于闭合状态，在动触头和静触头之间夹一张薄纸条，然后把弹簧称钩住动触头，用力向外拉，当纸条正好开始松动时，此时弹簧称指示的便是触头的终压力。

五、接触器、继电器常见的故障及处理

1　触头过热

原因：①由于触头弹簧变形或烧坏，触头压力不够；②触头表面氧化或有杂质；③触头容量不够；④触头磨损太多。

处理：用小锉刀光洁触头或更换新触头。

2　触头烧毛或熔焊

原因：①灭弧装置故障或损坏；②触头初压力太小，使触头闭合时松动；③触头容量太小。

处理：检查触头初压力，更换新触头。

3　触头磨损太快

原因：①触头弹簧损坏，初压力不足，在闭合时跳动；②触头初压力太大；③电源电压变化大。

处理：调整触头初压力，检查电源电压。

4　衔铁噪声大

原因：①铁芯端面接触不良，有杂质油污等；②短路环断裂或脱落；③电源电压低。

处理：检查清理端面，检查电源电压。

5　线圈过热或烧坏

原因：①操作太频繁；②衔铁的间隙太大，使电流过大；③衔铁不能吸合；④线圈匝间短路，或电源电压太高；⑤经济电阻阻值太小。

6　衔铁吸不上

原因：①线圈开路或短路；②接线处接触不良或脱落；③电源电压太低或经济电阻阻值太大；④运动部件卡住。

处理：检查线圈阻值和线圈电压。

7　电弧不能熄灭，触头严重烧毛

原因：①灭弧罩受潮；②磁力线圈匝间短路或接反；③灭弧罩碳化、破损或脱落；④灭弧角或灭弧珊脱落。

处理：修理或更换灭弧罩。

六、热继电器电流整定值的调整及常见的故障

热继电器在电路中主要是作过载保护使用。其电流的整定值应与被保护电机的额定电流一致。若不一致，应转动刻度盘进行调整。热继电器常见的故障主要有以下几个方面。

1. 用电设备操作正常，但热继电器动作频繁，或电气设备烧毁而热继电器不动作

(1)热继电器的整定电流值小于被保护的设备的额定电流，继电器动作频繁；整定值太

大，电器设备烧毁，而热继电器不动作。应转动刻度盘刻度值使之与设备的额定电流相符。

(2)热继电器的可调整部件固定支钉松动，不在原整定点上。此时要将支钉铆紧，并重新进行调整试验。

(3)经过大的短路电流后，双金属片已产生了永久变形。此时要对热继电器进行重新调整试验或更换。

(4)热继电器久未校验，灰尘堆积或生锈，动作机构不灵。正常情况下应每年进行一次校验，发生此种情况应清除灰尘或锈迹，并重新进行调整。

(5)热继电器的外接线未接上或松动。

2. 热继电器接入后主电路不通

(1)外接的螺钉未拧紧。要拧紧外接线的螺钉。

(2)热元件烧毁。要更换热元件或热继电器。

3. 热继电器在控制电路中不通

(1)触头烧毁或变形不能接触。要修理或更换触头。

(2)刻度盘或调整螺钉转到了不合适的位置，使触头顶开。要重新调整刻度盘或调整螺钉。

(3)热继电器动作后没有复位。

第二节 电气线路中一般故障的检查(电网绝缘测验)

在电气线路中不论是主电路还是控制电路所发生的线路故障一般可归纳为短路、断路和通地三类。

查找线路故障前，应首先熟悉整个系统图和工作原理，至少要熟悉部分电路图和各电器元件的位置。

一、线路短路故障的检查

短路故障现象常表现为线路电流大，使熔断器断开或保护装置动作，有关监测仪表指示失常，严重时线路绝缘或短路点处会烧焦、烧黑。

1. 发生短路故障的主要原因

(1)由于设备的维护管理不善或操作不当造成短路。如电气线路的绝缘浸水或严重受潮；电缆经过金属孔或锐利金属边缘时，造成衬垫破损而未及时更换，使绝缘破损；操作中碰坏绝缘；线路中接线柱间过脏，通电时柱间放电；运行中或维修时金属零件掉落到导电部分上等。

(2)由于设备本身缺陷造成短路。如设备出厂前就存在绝缘不良、局部绝缘损坏等隐患，经长期运行后发生短路；电机或电器线圈绕制时质量不符合要求，绝缘薄弱；设备或线路绝缘老化，材料变质等。

2. 检查线路是否有短路时，首先应切断电源，然后查出烧断的熔断器。用万用表的电阻挡，在电路两端点间测量电阻。若阻值为零，即为短路。若被测电路为单路，可沿着线路对所有接线柱、串联的电器线圈或其他元件逐个检查(检查时应注意：为使测量准确，要把万用表电阻挡量程置于 $R\times1$ 位置)。检查前应分析了解被测线路的正常阻值，以作参考。线路中有电子元件及仪表等耐低压的器件时不得用兆欧表检查，以免损坏元件。当被测线路中有大容量的电容时，应在检查前将其断开，以免将电容充电而误认为是短路。若线路为多路并联时，必须先查出短路故障发生在哪一条线路，这时可用“逐个消除法”找出短路的线路。即把所有的各路开关都合上，因为有短路，万用表指示的电阻是零。然后把各路的开关或接线柱依次断开。当断开某条线路对，阻值增大显著，就说明这条线路有短路。

有时会发现线路的自动开关跳开或熔断器烧断，但是检查时却未发现该线路有短路故障，重新送电后，线路仍正常运行。出现这种情况可能有两种原因。其一，线路中的短路是非持续短路故障。即短路处是由于油垢或污物堆积而形成放电，当通过大电流时污物被烧掉，或者有导电物体掉落在用电设备裸露的部分上而引起短路，然后自行脱落，使故障不能持续。所以合上开关或更换熔断器后，线路又正常运行。其二，熔断器的熔丝使用时间较长后，由于电源的浪涌电流作用而烧断。此外，有时熔断器由于熔丝质量不佳、安装不良等原因，在正常的冲击电流作用下也会熔断。所以在发生熔断器烧断故障时，不要急于检查线路，可以换一个同容量的熔断器，看看是否烧断。如果线路工作正常，说明并无持续性短路故障。如果熔断器仍被烧断，再检查线路故障情况。

二、线路断路故障的检查

1. 发生断路故障的主要原因

(1)线路熔断器熔丝烧断；导线接头处螺钉松动或螺母脱落；线路主接触器触头接触不良；导线中导体断开；某些转换开关损坏或接触不良等。

(2)有些线路中有保护电器的触点。由于接触不良或该电器动作后未复位，使电路成为断路。

(3)设备本身有断路故障。如电机绕组、电器线圈的导线有断路；某些灯具的灯丝烧断或镇流器线圈断路等。

2. 线路发生断路故障时的检查

电器设备不工作，指示灯不亮，这时可带电检查，也可不带电检查。

(1)带电检查断路故障　带电检查断路故障时，可用万用表的电压挡，也可用校验灯检查。检查电路中的开关闭合，因为线路有断路，所以线路中没有电流。电路中所接的各电阻、电感线圈及电机绕组等都没有电压，而断路点两端的电压就是电源电压。因此用万用表电压挡测量时，只要能指示出电源电压值，则表明两表笔间的线路或元件有断路。

在有些控制线路中，由于各电器间有联锁关系，可人为地推动某些电器的衔铁，接通电路，观察万用表是否有指示电源电压。

(2)不带电检查断路故障　不带电检查断路故障时，必须断开电源开关，用万用表的电阻挡沿着电路依次测量各元件或接线柱两端间的电阻，当电阻是无穷大时，则两表笔间的线路必定有断路。检查时应注意，被检查的电路或元件不能有并联的通路，万用表应该选择 $R\times1$ k 或 $R\times10$ k 位置。

三、线路通地故障的检查

线路通地故障的检查，可用携带式兆欧表，先把接地的线路脱离电源，用“逐段缩小法”找出通地点。方法是：把通地的电路分成独立的两部分，测量这两部分对地的绝缘电阻，把绝缘电阻为零的那一部分再分成两部分，如图 2－19 所示，再测绝缘电阻，依此类推，哪一部分绝缘电阻为零，接地点就在这一部分，这样就可以找出通地的故障点。

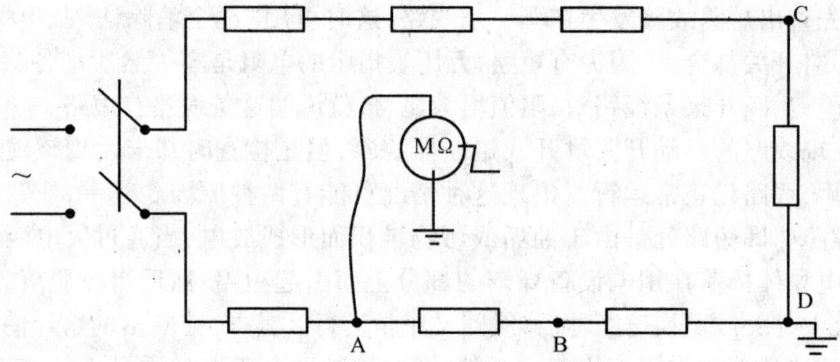

图 2-19 通地检查电路

四. 船舶电网对地绝缘电阻的测量及电网绝缘故障的查找

(一)船舶电网单相接地的监视

船舶电网通常采用中性点绝缘的三相三线制系统,任何一相对地短路或绝缘不好,都会影响人身安全及设备的正常工作,为此船舶主配电盘上常装有绝缘指示灯和配电板式的兆欧表,用以监视或测量船舶电网的对地绝缘电阻。

电网单相接地的监视用的绝缘指示灯(接地灯或地气灯)的原理如图 2-20 所示。正常时三个灯均承受相电压,亮度相同。假设 A 相接地(或绝缘不好),则 a 灯被短接(或承受电压降低),这时 b、c 灯所承受电压上升为线电压(或电压升高),故 a 灯熄灭(或暗),而 b,c 两灯就特别亮,这就表示 A 相接地(或绝缘)不好。船舶配电板上设有专用的接地灯开关或按钮,检查时打开开关或按钮,检查完后应关闭开关或按钮。

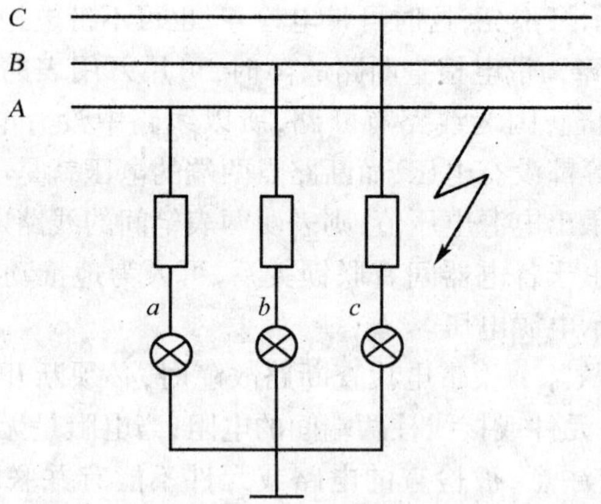

图 2-20 接地灯原理

(二)船舶对地绝缘电阻的检测

绝缘指示灯只能直接观察出电网是否有接地或绝缘下降,而不能指示出绝缘电阻的数值。测量电网对地绝缘电阻,一般由装在主配盘上的配电板式的兆欧表来实现,要求能带电测量,其原理如图 2-21 所示。

这种兆欧表包括测量机构(俗称表头)和附加装置(全波整流电源)两部分。电网绝缘

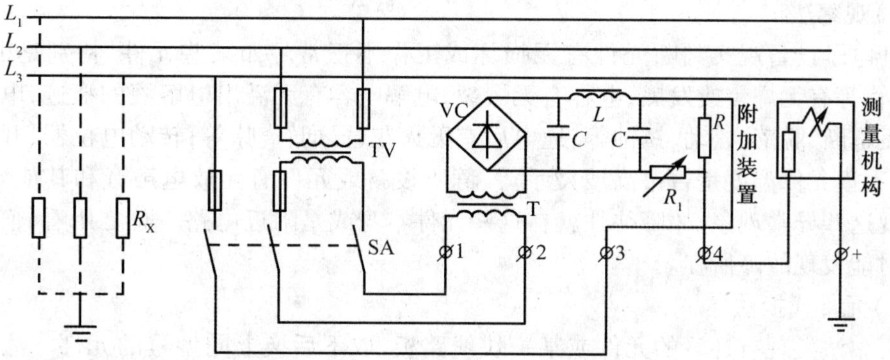

图 2－21 绝缘指示仪表原理

下降时，漏电流增大。漏电流由整流电源的正端输出，经接线柱 3 及开关 SA 到电网，再经绝缘电阻 R_X 入地至测量机构的正端，经测量机构至接线柱 4 回到整流电源的负端。绝缘电阻越小，漏电流越大。测量机构实际上是一个磁电式电流表，其指针偏转的大小直接反映了绝缘电阻的阻值。船舶配电盘上设有专用的兆欧表开关，检查时打开开关，检查完后应关闭开关。

（三）船舶电网接地故障的查找

船舶电网接地故障大多发生在照明线路。下面我们以配电板式兆欧表为例说明照明线路接地故障的查找步骤。

（1）首先打开配电板式兆欧表的开关测量照明线路，此时兆欧表的指示为零。

（2）在主配电盘前，逐个拉下照明配电开关，查看兆欧表的指示是否为正常值。当兆欧表的指示是正常值时，说明这条线路有故障。

（3）拉开区域开关的次序应为：船员居住区，甲板照明区，机舱照明区，驾驶室通、导设备。

（4）找到发生接地故障分配电开关后，切断该路供电，关上兆欧表的开关。

（5）在分配电箱前，使用携带式兆欧表来查找二次配电网络，逐个测量分支电路对地绝缘情况。

（6）找到接地的分支电路后，拉掉这一路分配电开关，合上其余的开关，在主配电盘前合上这一路配电开关向其供电。

（7）在查找具体地点时，应从中间接线盒（如两个房间中间的）断开，判断是哪一个小区域（如房间）接地。

（8）小区域（房间）中只有有限的几个供电点，一般不超高 5 个点，逐一检查每个供电点。应主要检查灯头、插头、开关部分引线，检查灯头、插头、开关内部情况，经过这些检查还找不到接地点时，应检查接线盒至用电器间的电缆，直至找到接地故障点。

第三节 电子设备的检查及电子元件的焊接

一、电子设备的故障检查

电子设备的故障虽然种类很多，但是出现故障后就检修技术本身而言，还是有很强的规律性的。通常使用的方法有以下几种。

(一)观察法

打开电子设备观察判断元件有无损坏或工作不正常。如某些元件,特别是电阻、二极管、三极管等有无烧焦或发黑,电容有无爆裂,电解电容有无溢出电解液的痕迹,电子元件的引脚有无霉断、脱落、松动、锈蚀等;通电后有无火花、冒烟、气味等;转动电位器、开关接触是否良好;手摸元件温度是否过高或烫手等,静听设备或元件有无放电声音和其他异常声音。如果发现这些异常现象,故障往往就在这些元件本身或是附近电路。总之用看、摸、听、闻等方法有时能发现故障所在。

(二)元件代换法

用观察法发现有怀疑的元件或某一块线路板,取下后换上同型号的元件。注意在取元器件时,不能带电操作。特别是一些接插件,在取下或安装时一定要断开电源,以免损坏这些器件。注意在取下元件时,要作标记,特别是接插件的插脚。集成电路的管脚排列是顶视反时针方向排列,即在有字的一面的一端,有一个小缺口或小点,其左面一排靠近小缺口或小点的那一个脚为第1号,反时针方向依次为2,3,4……

(三)测量法

1. 测量电压

用测量电压检查电路是最方便的方法,它不需要取下元件,可以带电操作,也不必断开电路。如测量电源变压器,测量原边电压正常,副边无电压,那么一定是变压器的绕组断开;又如测量三极管C,B,E三个极对地的电压,可判断三极管是否良好,电路工作是否正常等。测量时的测量原则是,先测量电源电压,再测其他各点的电压,先测关键点的电压,再测一般点的电压,如果电源无电压,则设备不能工作。

2. 测量电阻法

测量电阻时一定要先断开电源。可以在线路板上直接测量元件(在线测量),在线测量时要熟悉电路的结构,至少要熟悉部分电路的结构,明确并联的元件或电路对电阻的影响。怀疑某元件有问题时,可取下元件测量。电子设备的一些经常活动的部件是最易发生故障的部位,如开关的触头,电位器的滑动触头,还有引线的接头、接插件的插脚等。测量时,可活动这些部件观察电阻值的变化。

3. 测量电流法

许多电路都是以电流的大小来确定工作点的。电流大一般是负载有短路,或某一元件短路。电流大往往引起电源电压降低,无法确定是电源的故障还是负载的故障,这时可先断开负载,测量电压。若电压还低,说明是电源的故障,若电压正常说明是负载故障。电流大,多数是元件有短路,如二极管、三极管、集成电路、电容被击穿短路等。电流小一般是元件有开路,如上述这些元件开路或失效等。

二、电子元件安装与焊接

电子线路板的安装一般按先大后小的原则,即先安装变压器、散热器、电位器、开关、大电容等器件,后安装与焊接小型电阻和电容等,最后安装与焊接小型二极管、三极管及集成电路等。

焊接工艺主要有以下几种。

(1)焊料与焊剂　焊料用焊锡丝。焊剂用松香或松香水(松香水的配方是:20%的松香粉末加80%的纯酒精),绝对禁止用氯化锌、盐酸、焊油等酸性焊剂。因为使用酸性焊剂日久会使元件锈蚀损坏、元件引脚霉断等。

(2)元器件的清洁处理　元器件的焊接一定要防止虚焊,产生虚焊的主要原因是焊接面不干净。焊前要仔细检查焊接面(包括印刷线路板的焊接处、元器件的引脚等),不干净时,用小刀、细砂纸除去焊接面上的漆膜、油污、氧化物等直到露出纯金属,随后马上烫上松香,再用电烙铁烫上一薄层锡。清理焊接面是防止虚焊相当关键的一道工序。

(3)电烙铁的使用　焊接小功率半导体器件用20 W的电烙铁,焊接粗导线、金属底盘时用75 W或100 W的电烙铁。烙铁头要保持清洁,随时清除上面的氧化物。焊接时电烙铁要有足够的温度,焊锡与被焊的元件要充分融合,焊点要光洁,焊点上不宜堆积焊锡太多。焊接时避免烙铁头在元件上停留时间过长,以免烧坏元件。对怕热的元件(如半导体器件)焊接时要用金属镊子夹住元器件的引脚,帮助散热。焊接低压半导体器件和绝缘珊场效应管时,电烙铁的金属外壳要可靠接地,或用电烙铁的余热焊接。

第四节　机组自动切换控制线路的接线

通过对机组自动切换控制线路的安装与接线,我们可以进一步熟悉各种电器器件的结构及工作原理,熟悉电路的结构及故障查找的方法。

一、安装电器器件的注意事项

(1)电器器件的安装与布置必须做到便于接线和布线,便于拆装。

(2)无特殊要求时,继电器、接触器一般都为立式安装,不得左右、前后倾斜或倒装。

(3)继电器、接触器线圈的电压和触头额定电流要与电路的电压和电流相符。

(4)线路中开关的容量、导线的截面积、热继电器的规格及整定值、熔断器的容量及时间继电器的整定值都要符合电路的要求。

(5)连线要横平竖直,尽量避免交叉。布线要美观,便于检查。在一个接线端的连线最多不超过三个接头。

二、机组自动切换控制线路工作原理

主副机燃油泵、滑油泵、冷却水泵等主要泵,为了控制方便和工作可靠分别设置两套机组,不仅在集中控制室内能进行遥控启动、停车,而且在运行中若出现故障也能实现运行机组与备用机组的自动切换,使备用机组能立即自动启动投入工作,以保证主机处于正常工作状态。图2-22为机组自动切换控制线路,其工作原理说明如下。

(一)元件说明

KA_{11}/KA_{21}:自动启动备用机组做准备用。

KA_{12}/KA_{22}:另一机组不启动时保证本身运行用,有自锁触头。

KA_{13}/KA_{23}:压力监测投入用。动作后机组是否继续工作或是否启动备用机组只由压力继电器的工作状态决定。

KT_2:自动顺序启动延时。

KT_3:机组启动至压力继电器投入工作延时。

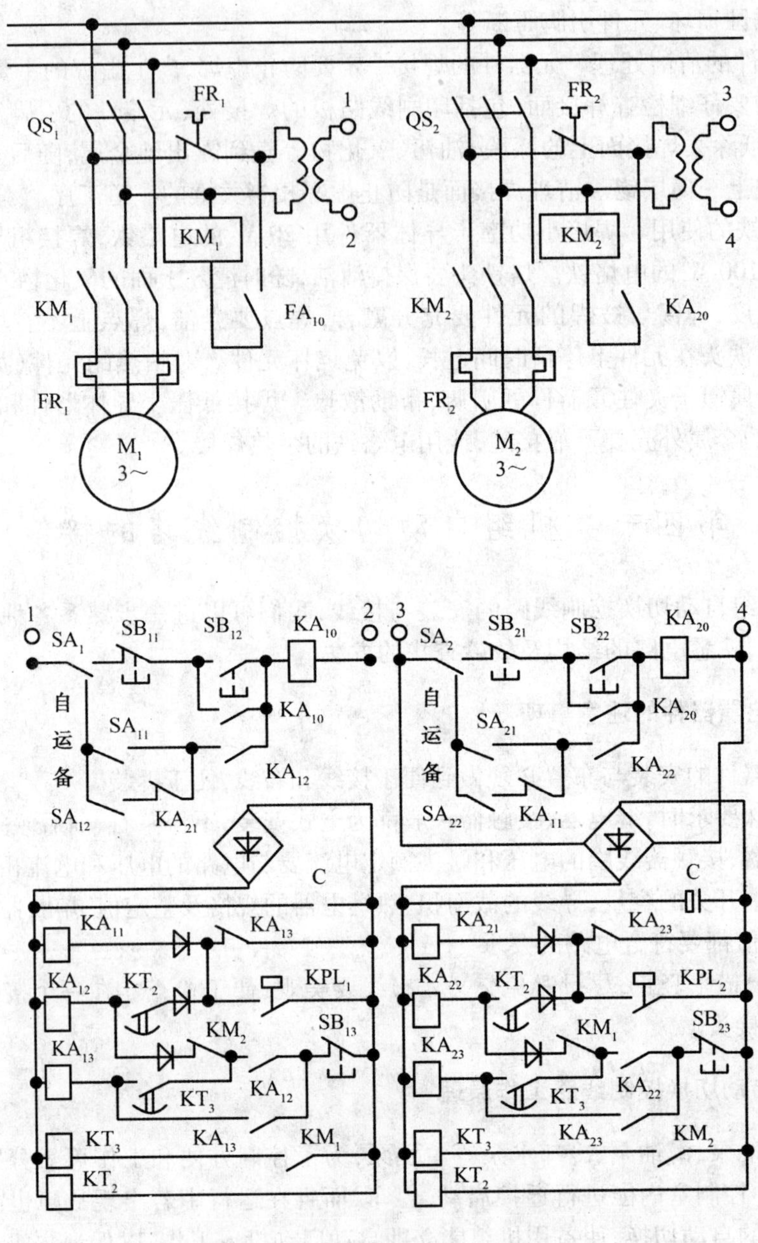

图2－22　泵的自动控制原理图

(二)工作原理

对于不同的机组，KT_2 的时间整定不同，这样可以防止所有机组在恢复供电后同时启动，使发电机(电网)过载。

1. 泵的自动控制

(1)自动启动　将遥控－自动选择开关 SA_1，SA_2 置于自动位置。如选择1号泵工作，2号泵备用，则将组合开关 SA_{11} 置于运行位置，SA_{22} 置于备用位置。

当电源开关 QS_1，QS_2 合闸后，1号泵、2号泵控制回路分别从变压器副边1，2，3，4端获电。对1号泵来说则有：

①继电器 KA_{11}通电，其在2号泵控制电路中的常闭触头 KA_{11}断开，起互锁作用；

②时间继电器 KT_2通电，经延时后使 KA_{12}通电。此时其两个触头分别闭合，一个使 KA_{10}通电，其常开触头闭合，接触器 KM_{10}通电，1号泵启动。另一个为 KA_{13}通电作准备，并且起到自锁作用；

③KM_1 的副触头使 KT_3通电，延时开始。待管路起压后，压力继电器 KPL_1 动作，同时 KT_3延时结束，使 KA_{13}通电动作。此时 KA_{11}完全由 KPL_1 控制。

(2)自动切换　1号泵运行时，由压力继电器 KPL_1 执行监视。由于某种原因失压时，触头 KPL_1 打开，KA_{11}失电，其常闭触头闭合，KA_{20}通电动作，使接触器 KM_2通电，2号泵自动启动。同时常闭触头 KM_2断开，使 KA_{12}失电。

2. 泵的顺序启动

因某种原因电网失电后，机舱所有泵均停止工作。当恢复供电时，各组原来运行的泵应按事先整定的时间顺序，先后启动，以防电网超载跳闸。

第三章　船舶照明系统的管理及维护

船舶照明系统主要包括舱室照明、舱面强光照明、探照灯、航行灯、信号灯和修理用的低压行灯等。对船舶照明装置的要求是有较高的可靠性,有必要的机械防护装置,并具有防水、防潮性能,有些还要防爆。

第一节　船用灯具的种类及结构原理

一、白炽灯(钨丝灯)

白炽灯分真空泡和充气泡两种,船用目前多数是充气泡的。按灯丝又可分单丝和双丝两种,双丝灯泡适用于航行灯。一般白炽灯的寿命是1 000 h以上,但是如果电压不稳,开、关频繁,散热不良和剧烈振动等都会影响白炽灯的寿命。

白炽灯的主要规格有如下几种。

电压:24 V,110 V,220 V……

功率:25 W,40 W,60 W,100 W,300 W,500 W,1 000 W……

灯头有螺口和插口,船上除了双丝灯采用插口外,其余一般采用螺口,这样防振性能好。

二、碘钨灯

碘钨灯是在钨丝灯中充入氩气并加入适量的碘制成的。它具有体积小,光色好,效率高,寿命长等优点。其寿命在1 600~2 000 h,发光效率比白炽灯高30%。安装时要避免接近易燃物品,灯管水平斜度不能大于5度,否则会导致寿命降低。

三、日光灯

日光灯是目前船上应用最广泛的灯具,其灯管主要有直管型、圆管型和U字型几种。镇流器有电感式镇流器和电子式镇流器两种,目前船上以电感式镇流器居多,下面我们仅介绍电感式镇流器日光灯。

1. 电感式镇流器日光灯的结构

(1)灯管　管内壁上涂有荧光粉,管内两端灯丝上涂有氧化锶,管内充有氩气,并装有微量液态水银。

(2)启辉器　在铝制的圆筒中有一个内充氖气的玻璃泡,泡内有一个静触头和一个U字型双金属片的动触头。玻璃泡内还有一个小电容,它的作用是减小触头火花,保护触头,可减小日光灯对无线电设备的干扰。启辉器的作用是开灯时自动通断电路,使镇流器产生高压,灯管启辉。

(3)镇流器　是一个具有铁芯和多匝线圈的感性元件。它与灯管串联,当启辉器断开时,产生脉冲高压,使灯管启辉,工作时限制灯管电流。冬天日光灯较夏天不易启辉,是因为冬天气温低,水银不易汽化的缘故。

(4)有的日光灯装有电容器,用来提高线路的功率因数。

2. 电感式镇流器日光灯的工作原理

如图 3－1 所示，接通电源后，启辉器玻璃泡中的动触片和静触头之间产生辉光放电而导通，灯丝预热放射电子。启辉器放电时，U 字型双金属片受热膨胀与静触头接触，辉光放电停止，U 字型双金属片冷却并与静触头断开，使电流突然中断，从而在镇流器的两端产生脉冲高压，使灯管内的氩气电离，管内温度升高，使液态水银汽化游离。游离的汞分子因活动剧烈而撞击惰性气体分子，引起汞蒸气弧光放电，辐射出紫外线激励管壁上的荧光粉，发出像日光色的光亮。

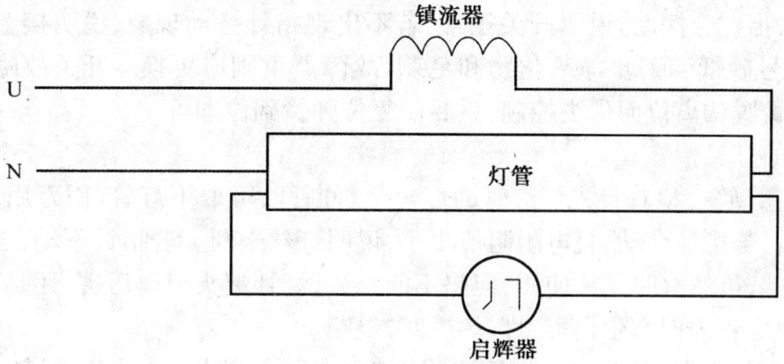

图 3－1　日光灯接线原理图

第二节　照明系统的维护保养

一、船舶照明系统的使用注意事项

（1）安装灯泡时，应注意灯具规格、电压等级。灯泡功率不得超过灯具所允许的容量，灯泡电压也应与电源电压一致。尽量避免带电换灯泡。

（2）船上除货舱外，禁止使用高压灯。在机舱检修锅炉内部、柴油机曲柄箱、压载舱、储水柜等装备时，一定要用 36 V 以下并带安全网罩的低压灯。在装卸易燃危险货物时，不可使用携带式货舱灯。

（3）甲板、船桥等露天的投光灯具，用后应检查帆布罩是否罩妥，开灯之前必须先脱去帆布罩。

（4）船舶应急照明设备应有红漆记号，并经常检查灯泡是否良好，严格禁止从应急照明设备中取用灯泡。

（5）室外水密插座，在接通电源以前，必须先检查插头螺母是否旋紧。在拔出插头前应检查电源是否切断。用毕后，要检查插座的防水盖是否旋紧。

（6）张挂彩灯时，要检查供电线路及开关的载流量是否超负荷，相电流是否分配平衡，并检查保护装置是否完好。油船严禁张挂彩灯。

二、灯具的正确检修

1. 白炽灯的灯具检修

（1）灯丝检查　可用肉眼直接观察，也可用万用表 $R\times1$ kΩ 电阻挡检查。先将两表笔短路，调零；再将表笔接触灯泡两个触点，指针会动，并指某一数值，说明该灯泡是完好的；若指针不动，即可判断灯丝断开，只有更新灯泡。

(2)灯座接触情况检查　用万用表 $R\times 1\ \text{k}\Omega$ 电阻挡来检查。先将灯泡拧到螺口灯座上，再将表笔接触灯座两个触点，指针会动，说明接触良好；指针不动，说明接触不好。修理时刮去簧片上的铜绿、污垢，撬动灯座簧片，使其弹力增大，再装上灯泡，并用万用表 $R\times 1\ \text{k}\Omega$ 挡来测量，若指针摆动，就可以了。

(3)开关接触情况检查　可用万用表 $R\times 1\ \text{k}\Omega$ 挡来检查。将两表笔接触开关两触头，当开关通断时，指针会摆动，说明开关正常，若不出现指针摆动现象，说明接触不良，要进行修理。使用 0 号砂纸(布)擦净氧化物和毛刺，故障严重则应更换。开关故障中，还有少数情况是复位弹簧脱钩离位而失去控制，只要使复位弹簧到位即可。

2. 日光灯的灯具检修

(1)日光灯灯管　检查日光灯灯管的灯丝是否断开，可取下灯管，用万用表电阻挡分别检测两端灯丝。若指针会动，且电阻阻值很小，说明灯丝未断。若指针不动，表明灯丝已断。若灯丝中断一端，虽然有时还能使用，但是不能长久，灯管端头黑得厉害，还是要更换掉。如果灯管漏气，通电管内即产生白雾，灯丝立即被烧断。

(2)日光灯镇流器　检查日光灯镇流器的电气规格是否与所用灯管配套。参见表 3－1 日光灯镇流器常用电气规格。用万用表的欧姆挡检查日光灯镇流器线圈的冷态直流电阻。若万用表的表针不动，说明线圈断路，一般在接头处脱掉，找出焊上。若电阻明显小于正常值，则有短路故障，应更换镇流器。常用日光灯镇流器线圈的正常直流电阻值参看表 3－2。双线圈单管式的日光灯镇流器线圈冷态电阻值为：用万用表 $R\times 10\ \Omega$ 或 $R\times 1\ \Omega$ 挡来检查，6～8 W 镇流器主线圈为 150 Ω 左右，副线圈为 10 Ω 左右；10～20 W 镇流器主线圈为 30 Ω 左右，副线圈为2 Ω左右。

表 3－1　日光灯镇流器常用电气规格

镇流器型号	配用灯管功率/W	电源电压/V	工作电压/V	工作电流/A	启动电压/V	启动电流/A	功率损耗/W	功率因数	配用补偿电容器/μF
YZ1－220/6	6		203	0.14		0.18	4	0.34	
YZ1－220/8	8		200	0.15		0.19	4	0.38	
YZ1－220/15	15		202	0.33		0.44	8	0.36	
YZ2－220/20	20	220	196	0.35	215	0.46	8	0.36	0.5
YZ2－220/30	30		180	0.36		0.56	8	0.50	3.75
YZ2－220/40	40		165	0.41		0.65	8	0.53	4.75
YZ1－220/100	100		185	1.50		1.80	20	0.37	

表 3-2　常用日光灯镇流器线圈与铁芯数据

镇流器型号	线圈数据		铁芯面积/cm^2	铁隙长度/mm	冷态直流电阻/Ω
	线径/mm	匝数			
YZ1-220/6	Φ0.19~0.20	2200~2400	2.5	0.03~0.08	80~100
YZ1-220/8	Φ0.19~0.20	2200~2400	2	0.05~0.10	80~100
YZ1-220/15	Φ0.31~0.33	1360~1420	4.5	0.10~0.15	28~32
YZ2-220/20	Φ0.31~0.33	1360~1420	4.5	0.15~0.25	28~32
YZ2-220/30	Φ0.34~0.35	1360~1420	4.5	0.25~0.35	24~28
YZ2-220/40	Φ0.34~0.35	1360~1420	4.5	0.35~0.45	24~28

(3)启辉器　在启辉器的氖泡内有一个固定的静止触片和一个双金属片制成的U形触片。双金属片由两种膨胀系数差别很大的金属薄片结合而成,动触片与静触片平时分开,两者相距离1/2 mm左右,其构造如图3-2所示,与氖泡并联的低介电容器,容量在5 000 pF左右。它的作用:①与镇流器线圈组成LC振荡回路,能延长灯丝预热时间和维持脉冲放电电压;②能吸收干扰收录机、电视机等设备杂波信号。

检查启辉器可用万用表$R\times10$ k挡,用两表笔测量启辉器的插头时,若指针先微小摆动然后回到原来地方,此启辉器是好的。若万用表测量有阻值,说明电容器有漏电,如果漏电厉害,可去掉电容器,启辉器仍可用。若万用表测量的阻值很小,可能是低阶电容器击穿,去掉电容器,万用表指针回到原处,此启辉器仍可使灯管正常发光;若万用表指针不回到原处,说明氖泡动、静触片黏连,要更换启辉器。

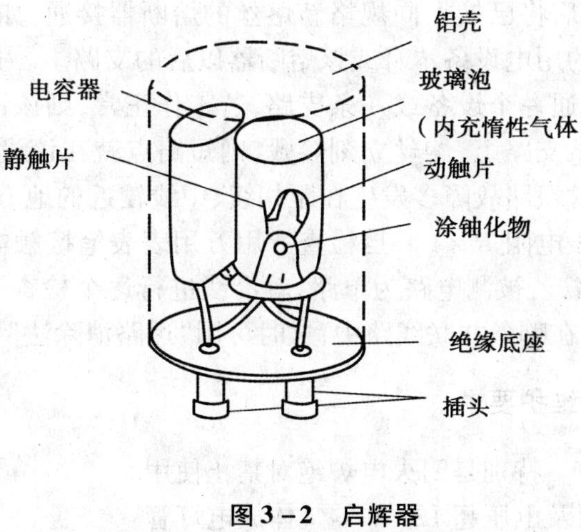

图3-2　启辉器

启辉器仍可按与灯管功率配套的原则选用,如型号为YQI-220/4-8配用的灯管功率为4~8 W;型号为YQI-220/15~40配用的灯管功率为15~40 W。

(4)日光灯灯座　一对绝缘灯座将日光灯支承在灯架上,再用导线连接成日光灯的完整电路。灯座接触良好与否,可用万用表的欧姆表检查。

三、照明线路的检修

白炽灯线路的检修。

1. 灯泡不亮

灯泡不亮可能原因有灯丝断开、灯泡与灯座接触不良、开关接触不良、线路开路等。前面三个原因可参考灯具的检修方法进行检修。

下面叙述一下线路开路的检查方法。①用测电笔检查灯头两接线柱，正常时有一个接线柱带电，另一个接线柱无电。如果两个接线柱都无电（即试电笔不亮），是相线（即火线）开路，应检查开关、熔断器等的进出线柱头是否有电，从而判断它们是否接触不良或熔丝熔断。若开路，熔断器正常，应在线路上检查开路点，首先怀疑的是线路接头处，应从灯头起逆着电流方向逐步解开接头处的绝缘带，若查第一点无电，第二点有电，则开路点必定在有电点与无电点之间。在灯头上接有灯泡的情况下，如果测电笔测出灯头两接线柱上都有电，是灯头前面的零线开路，仍用测电笔沿着线路逆着电流方向逐点检查，其故障点仍在有电点与无电点之间。②用万用表的电压挡检查。电压挡量程应高于电源电压，先测量电源电压，然后查找断路点，若测量某两处的电压等于电源电压值，两测试笔之间的线路为断路点。③用万用表的电阻挡检查。将电阻挡置于 $R \times 1$ k 或 $R \times 10$ k 挡，拉掉电源开关，用万用表两测试笔沿着电路测量两点间的电阻，若万用表指示电阻值为无穷大，则两测试笔间必定有断路。

2. 开关合上后熔断器熔丝烧断

造成熔丝烧断的主要原因有线路或灯具内部相线与零线间短路，负载过大或熔丝过细，胶木灯座两触头之间的胶木碳化漏电等。对于负载电流过太，可用钳形表进行测量，将测量数值与额定工作电流相比较来判定。对于灯座胶木碳化漏电，可直接用肉眼观察胶木灯座该部分是否碳化，或用下面介绍的逐路通电法查出。

对于短路故障的检查，可用以下方法：①逐路通电法。将烧断熔丝的那只熔断器在保护范围内全部用电器断开，然后将已换上同规格新熔丝的熔断器接通，如果熔丝不再熔断，说明故障在支路熔断器后面的用电设备本身或该熔断器以后的支路上。这时可以对逐个用电设备或逐条支路送电，每接通一个设备或一条支路，若工作正常，则该设备或支路无短路故障。如果送电到某设备或某支路上，熔丝立刻熔毁，则短路点就在该设备或该支路上，然后在这个小范围内查找。通常短路故障多发生在距相线、中线较近的地方，如灯头内或电线管道的进出口处。②用万用表电阻 $R \times 1$ k 挡检查。用万用表表笔接触电路两端点间的测量电阻，若电阻为 0，即为短路，若被测电路为单路，就沿线进行逐个检查。若线路为多路并联时，必须查出短路故障发生在哪条并联线路中，这时可用“逐路消除法”找出短路的线路。

四、油船电气设备管理维护要求

（1）严格控制使用电炉。特别是明火电炉绝对禁止使用。

（2）禁止使用霓红灯以及电压超 127 V 的气体放电灯管。

（3）所有房间内禁止使用可移式台灯，可用固定在墙上的电灯代替，但是需要使用固定无插座连接的电线。

（4）舱室电风扇应为固定式，并用固定而不能用插座连接电源。舱室所有电风扇、照明器具、开关插座等金属外壳都应可靠地与金属船体相连接。

(5)油船必须要有消除船体静电的接岸装置,以便在装卸油开始前将船体与岸上接地装置相连接。船上所有货油管应与船体有可靠的电气连接,注意接油管前先接接地电缆,装卸完油后先拆油管,再拆接地电缆。

(6)定期检测电缆、电气设备的绝缘电阻,并作好记录,保持绝缘良好。

(7)应急发电站和主电站应定期进行维护检查,防止油污造成短路发生事故。

第三节　船用电缆、常用导线的连接

一、船用电缆的结构

电缆主要由导电芯线、电气绝缘层和防护套三部分组成,有的护套还附加有铠装。

芯线的材料几乎都是采用电解铜,芯线有单芯、双芯、三芯和多芯几种。单芯电缆其结构如图3-3所示,每一根芯线由多根直径为0.26~2.47 mm圆截面软铜丝正规绞合而成。

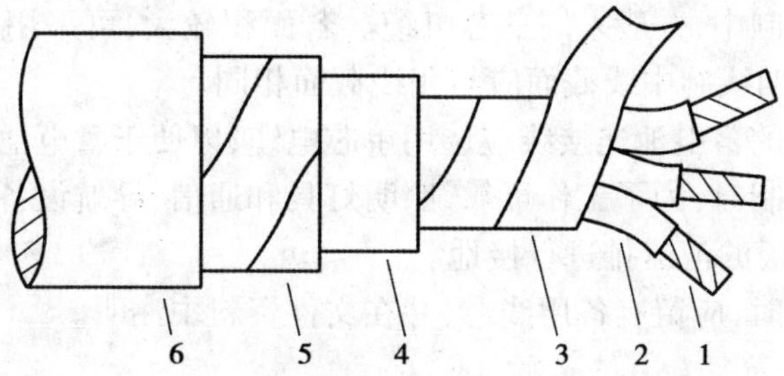

图3-3　船用绝缘电缆

1-芯线;2-芯线绝缘;3-胶带;4-绝缘层;5-胶带;6-铠装层(护套)

绝缘层用的材料主要有天然橡胶、聚氯乙烯、丁苯-天然橡胶、丁基橡胶、石绵-漆布及矿物质或有机硅橡胶等。船用电力电缆一般采用丁基橡胶作绝缘层材料,照明和控制线路用耐热塑料作绝缘层。多芯电缆每一根芯线外都用绝缘材料包起来,作为芯线与芯线之间的绝缘。

护套和铠装保护电缆内部免受机械损伤,同时防止水、盐雾、油雾等的侵蚀,起密封作用。护套和铠装所用的材料有氯丁橡胶、铅护套、金属丝编制套(铠装)、尼龙编织套等。

二、船用电缆的主要类型

船用电缆按其用途不同可分为电力电缆和射频电缆两大类。在国外(如德国)一般被分为未屏蔽式(MGG)和屏蔽式(MCG)两大类,前者大量用于各种动力、照明和控制线路,后者大量用于电话线路。

船用电缆为适应不同场合应用的特殊要求又可分为以下几大类。

(1)耐油性　如船用橡皮绝缘耐油橡套电缆,型号如CHY,可接触油类,使用时应避免日光直接照射,如可应用于轮机机舱内。

(2)非燃性　如船用橡皮绝缘非燃性橡套软电缆,型号如CHFR。

(3)耐热性　如船用耐热聚氯乙烯护套屏蔽电缆,长期允许的工作温度为80 ℃。型号如CVV,CVVP,CVVP80等。

(4)屏蔽式　如船用橡皮绝缘屏蔽耐油橡套电信电缆,型号为CHHYP,用于电话线路的移动特软电缆。

三、电缆的选择

电缆应根据敷设场所的环境条件、敷设方法、电流定额、工作定额、需要系数和允许电压降等因素来选择,也可参阅有关产品目录。

电缆芯线截面的大小和芯数多少是通过电缆的电流大小来确定的。电缆的最大允许电流不应小于电缆的最大可能通过的工作电流,然后查表选择电缆截面。电缆截面确定后,在选择电缆时还应考虑以下要求。

(1)计算出的截面小于1 mm^2时,单芯的都选用1 mm^2以上的电缆;多芯且计算截面不足0.8 mm^2的,选用0.8 mm^2以上的电缆,以保证其机械强度符合要求。

(2)在直流电制中,截面在25 mm^2以上的,宜用单芯电缆;在120 mm^2以上的,应用两根截面60 mm^2以上的相同面积的电缆并联使用,以便于敷设。

(3)在三相交流电制中,一般采用三芯电缆。若面积较大,可采用多根三芯电缆并联使用,但不可分相。三相四线制中线截面应与相线截面相同。

(4)进入蓄电池室的蓄电池连接线应选用单芯电缆,以便于蓄电池接线。

(5)船舶采用单线制时,为了工作可靠,照明灯具和通信、导航设备所用的电缆仍采用双芯电缆,可通过分配电板的汇流排进行接地。

(6)选用多芯电缆时,应留有备用线芯,并在文件资料中注明。

四、电缆的切割

切割电缆时不得损伤芯线绝缘。切割金属编织护套电缆时,根据需要的长度截去电缆的多余部分,然后依次剥去金属护套、绝缘层和芯线绝缘等,为了防止编织护套松散,应用宽15～20 mm自黏塑料带包好(可用普通塑料带包扎,然后用胶水粘住,胶水是聚氯乙烯树脂粉加丙酮溶解后制成)。绝缘护套可比金属编织护套长出5～8 mm。

五、电缆端头的处理方法和连接

电缆切割后,芯线绝缘处应妥善包扎,以防油、水等腐蚀而老化。电缆应与接线柱之间可靠连接并且接触导电良好,要求电缆芯线端接好铜接头,铜接头多为铜管冲压而成。芯线与铜接头的连接有以下几种方法。

1. 冷压铜接头

电缆头剥出芯线后,去除氧化膜层,套上相应规格的铜接头用冷压工具压紧。压好后,用手拉一下,检查其是否松动。4 mm^2 以上的铜接头可用冷压钳口的钢丝钳压紧;6 mm^2 以上的铜接头可用机械冷压钳;35 mm^2 以上的铜接头可用液压冷压钳压紧。

2. 销式接头

为了施工方便、接线快速和便于维修,现在船舶大量采用销式接头,用于水密接线盒和室内日用电器,如各种灯具等的接线。它是一种可拆卸的接线头,剥去电缆绝缘后,直接将两电缆插入铜销座内,用螺钉固紧,再旋上胶木壳即完成电缆接线。

第四章　船舶电机维修工艺与保养

第一节　船用三相异步电动机的结构及铭牌数据

电动机在检修中经常需要拆装，如果拆装时操作不当，就会损坏零部件，反而使电动机损坏，使修理质量得不到保证。因此，必须学会运用正确的拆装方法，并掌握电动机的拆装技术。

三相鼠笼式异步电动机的铭牌与结构

三相鼠笼式异步电动机的结构见图4－1，图4－2是三相绕线式异步电动机的绕线式转子。

(一)铭牌

如图4－1所示，在三相异步电动机的机座上装有一块铭牌，铭牌上标出了该电动机的型号及一些技术数据，供正确使用电动机时参考。现分别说明如下。

(1)型号(如Y－112M－4H)含义说明如下：

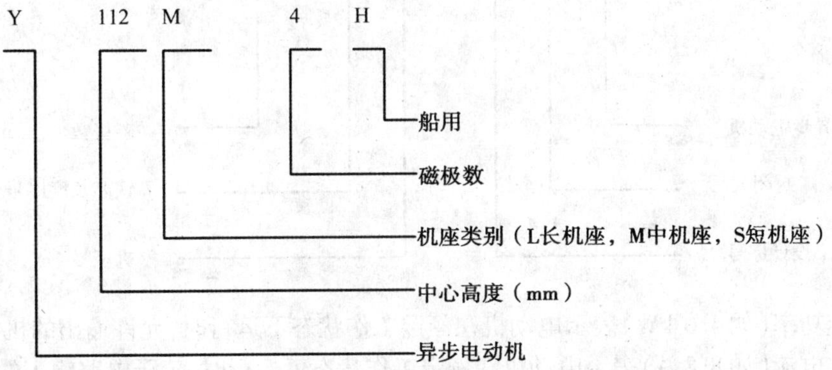

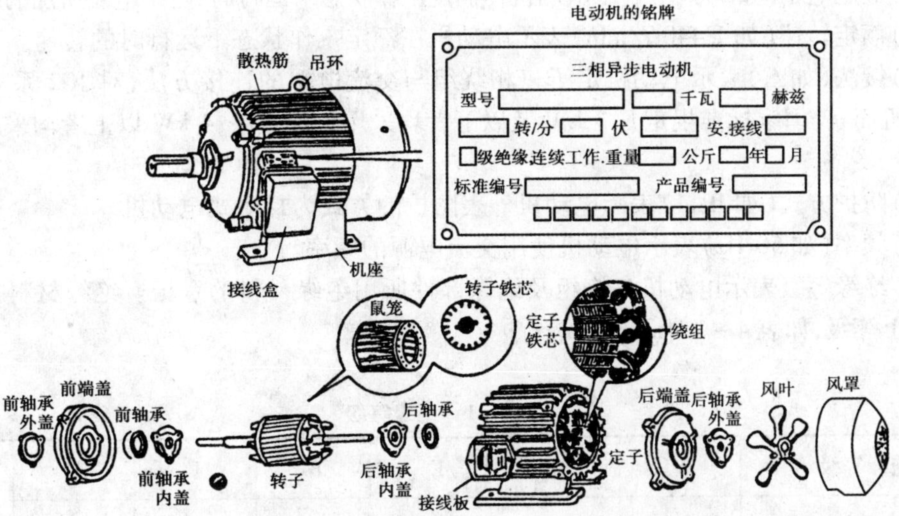

图4－1　三相鼠笼式异步电动机的结构

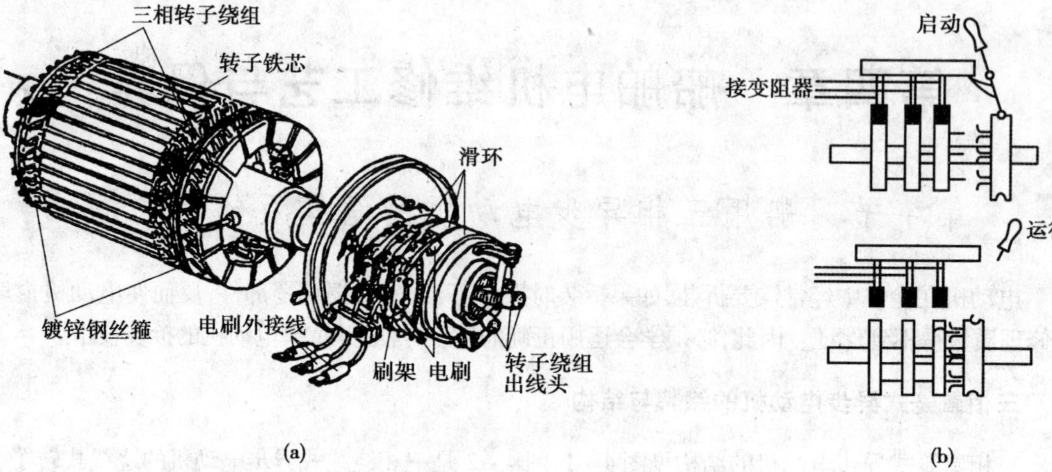

图4-2 绕线式转子

我国20世纪80年代以前生产的异步电动机使用旧型号，如JO2-52-4，说明如下：

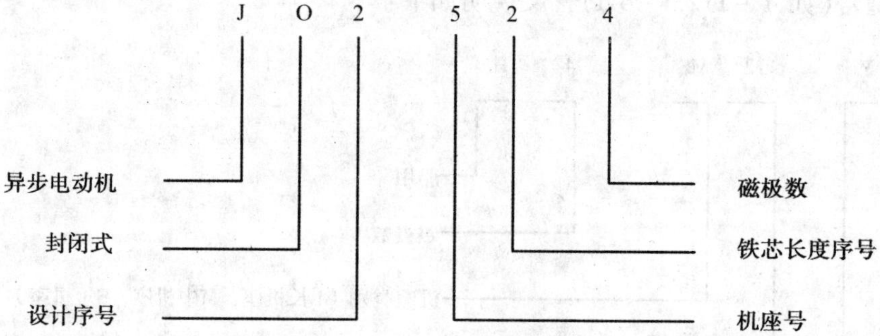

(2)额定功率(如4.0 kW)表示电动机在额定工作状态下运行时，允许输出的机械功率。

(3)额定电流(如8.8 A)表示电动机在额定工作状态下运行时，定子电路输入的线电流。

(4)额定电压(如380 V)表示电动机在额定工作状态下运行时，定子电路所加的线电压。

(5)额定转速(如1 440 r/min)表示电动机在额定工作状态下运行时的转速。

(6)接法(如△)表示电动机定子三相绕组与交流电源的连接方法，对JO2系列及Y系列电动机而言，国家标准规定凡3 kW及以下者均采用星形接法，4 kW以上者均采用三角形接法。

(7)防护方式(如IP44)表示电动机外表防护的方式为封闭式电动机。

(8)频率(如50 Hz)表示电动机使用交流电源的频率。

(9)绝缘等级表示电动机各绕组及绝缘部件所用绝缘材料的登记。绝缘材料按耐热性能分7个等级，如表4-1所示。

表4-1 绝缘等级

绝缘等级	Y	A	E	B	F	H	C
最高允许温度/℃	90	105	120	130	155	180	>180

目前国产电机使用的绝缘材料等级为B,F,H,C四个等级。

(10)定额工作制指电机按铭牌值工作时,可以持续运行的时间和顺序。电机定额分连续定额、短时定额和断续定额三种,分别用S_1,S_2,S_3表示。

①连续定额(S_1)表示电机按铭牌值工作时,可以长期连续运行。

②短时定额(S_2)表示电机按铭牌值工作时,只能在规定的时间内短时运行。我国规定时间为10 min,30 min,60 min及90 min4种。

③断续定额(S_3)表示电机按铭牌值工作时,运行一段时间就要停止一段时间,周而复始地按一定周期重复运行。每一周期为10 min,我国规定的负载持续率为15%,25%,40%及60%4种(如标明40%,表示电机工作4 min,休息6 min)。

(二)结构

由图4-1可知,三相鼠笼式异步电动机主要由两部分组成:一是定子,指电动机中静止不动的部分,主要包括定子铁芯、定子绕组、机座、端盖等部件;二是转子,指电动机的旋转部分,包括转子铁芯、转子绕组、风叶、转轴等。

第二节　船用三相异步电动机的拆装及维护

电动机在检修中经常需要拆装,如果拆装时操作不当,就会损坏零部件,反而使修理质量得不到保证。因此,必须学会运用正确的拆装方法,并掌握电动机的拆装技术。

一、拆卸步骤

拆卸前,先在线头、端盖、刷握等处做好记号,如图4-3所示,可按下列步骤进行:

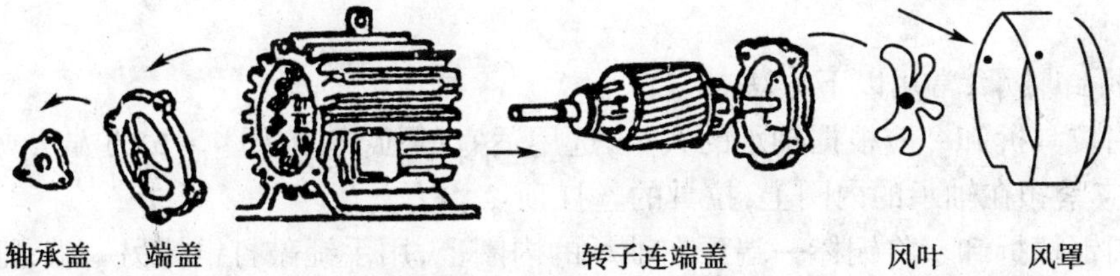

图4-3　电动机的拆卸步骤

(1)切断电源,拆开电动机与电源连接线,并对电源线线头做好绝缘处理;
(2)脱开联轴器,松掉地脚螺栓和其他螺栓;
(3)拆卸联轴器;
(4)拆卸风罩风叶;
(5)拆卸轴承盖和端盖、绕组式电动机,先提起和拆除电刷、电刷架和引出线;
(6)抽出或吊出转子。

二、主要零部件的拆卸方法

(一)联轴器的拆卸

先在装联轴器的轴伸端(或联轴端)做好尺寸标记(见图4-4),再将联轴器上的定位螺钉或销子松落取下,装上图4-5所示的拉具,拉具的丝杠尖端要对准电动机轴的中心,转动丝扛，把联轴器慢慢拉出。如拉不出，不要硬卸，可在定位螺孔内注入煤油，待几小时以后再拉。如仍拉不出，可用喷灯等急火在联轴器外侧四周加热，使其膨胀，就可拉出。加热的温度不能太高，以防止轴变形。拆卸过程中不能用手锤直接敲打联轴器，敲打会使联轴器碎裂，使轴变形，端盖受损等。

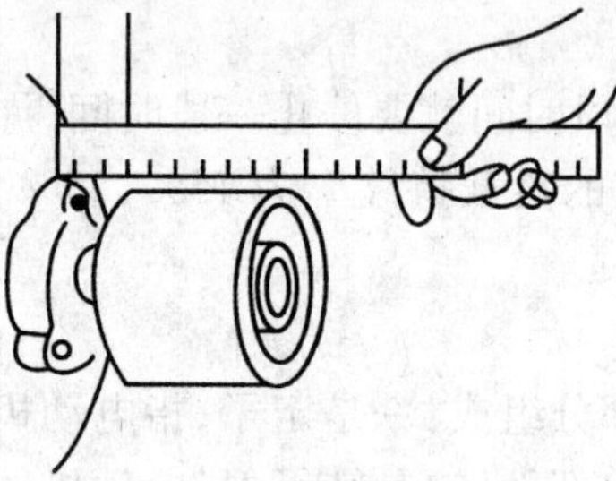

图4-4 联轴器的位置标法

图4-5 用拉具拆卸联轴器

（二）风罩和风扇叶的拆卸

封闭式电动机在拆卸联轴器后，就可以把外风罩的螺栓松脱，取下风罩，然后松脱或取下转子轴尾端风扇上的定位螺钉或销子，用手锤在风扇四周均匀轻敲，风扇就可以松脱下来。

（三）轴承盖和端盖的拆卸

先把轴承外盖螺栓松脱，拆下轴承外盖。为便于装配时复位，应在端盖与机座接缝处的任一位置做好标记后，再松开端盖的紧固螺栓，随后用手锤均匀敲打端盖四周（敲打时要衬以垫木），把端盖取下。较大型电动机端盖较重，应先把端盖用起重设备吊住（如风扇叶是装在轴伸端，则须先把后端轴承外盖取下），然后用木锤敲打轴伸端，就可以把转子和后端盖一起取下。

若需拆卸轴承，常用以下方法。

（1）用拉具拆卸　应根据轴承的大小，选用适宜的拉具，按图4-6的方法夹住轴承，拉具的脚爪应紧扣在轴承的内圈上，拉具的丝扛顶点均力。

（2）用铜棒拆卸　将铜棒一端顶在轴承的内圈上，用手锤敲打铜棒另一端，把轴承敲出，见图4-7。敲打时要在轴承内圈四周相对两侧轮流均匀敲打，不可偏敲一边，用力不要过猛。

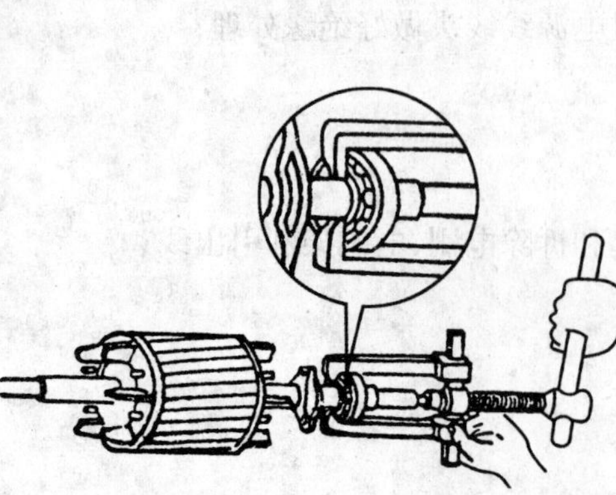

图4-6 用拉具拆卸轴承

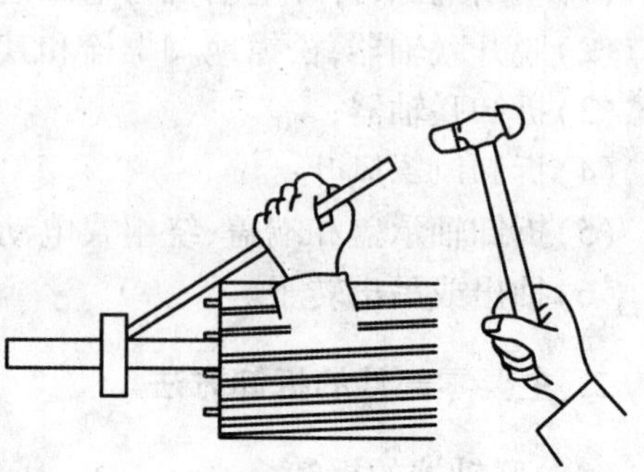

图4-7 用铜棒敲打拆卸滚动轴承

(3)加热拆卸　如因轴承装配过紧或轴承氧化不易拆卸时,用 100 ℃左右的机油淋浇在轴承内圈上,趁热用上述方法拆卸,可用布包好转轴,防止热量扩散。

(4)轴承在端盖内的拆卸　在拆卸电动机时,若遇到轴承留在端盖的轴承孔内时,可采用图 4 – 8 的方法拆卸。把端盖止口面向上,平稳地搁在两块铁板上,垫上一段直径略小于轴承外径的金属棒,沿轴承外圈(用手锤敲打金属棒)敲打,将轴承敲出。

(四)抽出转子

小型电动机转子可以连同后端盖一起取出,抽出转子时,应小心缓慢,要注意不可歪斜,防止碰伤定子绕组,对于绕组式转子,抽出时还要注意不要损伤滑环面和电刷架等。对于中大型电动机,如起货机,转子较重,要用起重设备将转子吊出。用钢丝绳套住转子两端轴颈,在钢丝绳与轴颈间衬一层纸板或棉纱头,当转子的中心已移出定子时,在定子与转子间隙塞纸板垫衬,并在转子移出的轴端垫以支架或木块搁住转子,然后将钢丝改吊转出转子,这样就可以将转子全部吊出。

三、轴承的清洗、检查和加入润滑脂

轴承拆卸后,应用汽油或煤油洗净油污,用布擦干,再用压缩空气吹干,再进行检查。要求轴承的加工平面清洁,无划痕、裂纹或锈蚀;内外轴承环无裂缝;应滚动轻快、灵活、均匀,没有阻滞、卡住或过松现象;用塞尺检查轴承磨损情况,不应超过表 4 – 2 的许可值。

表 4 – 2　滚动轴承的磨损许可值　　单位 mm

轴承内径	最大磨损	轴承内径	最大磨损
20 ~ 30	0.1	85 ~ 120	0.3 ~ 0.4
35 ~ 80	0.2	130 ~ 150	0.4 ~ 0.5

若加工平面上或滚道内有锈迹,可用“00”号砂纸擦清,再放入汽油中洗净。若有较深的裂纹,应更换新轴承。新轴承应放入 70 ℃ ~ 80 ℃的变压器油中加热约 5 min,待全部防锈油溶去后,取出滴干,放在汽油中洗净再用压缩空气吹干。

轴承的润滑是为了降低摩擦阻力,减轻磨损,因此轴承必须保持良好的润滑。此外润滑还具有防止锈蚀、吸收震动、减少噪声和加强散热的作用。所以轴承清洗干燥后,按原规定标准号加入新的润滑脂。润滑脂是一种膏状的半固体润滑剂。润滑脂又名黄油或黄干油,是由稠化剂、基础油和添加剂三部分组成。

使用润滑脂的注意事项:

(1)要求润滑脂洁净,无杂质和水分,为了防止润滑剂流失和外界灰尘、水分侵入轴承,必须注意密封;

(2)润滑脂不能加得太多或太少,船用电动机为两极以上,一般占轴承室溶剂的 2/3,转速低,负载轻的轴承可多加一些,转速高、负载重的轴承可少加一些;

(3)不同型号润滑脂不能混用,更换润滑脂,必须将陈脂清洗干净;

(4)轴承运行 1 000 ~ 1 500 h 后应加一次润滑脂,运行 2 500 ~ 3 000 h 应更换润滑脂。

四、装配

电动机的装配工序按拆卸时的逆顺序进行。装配前,各配合处要先清理除锈,装配时,

应将各部件按拆卸时所作标记复位。

(一)滚动轴承的安装

轴承装套到轴颈上有冷套和热套两种方法。在装套前,应将轴颈部分擦干净,把经过清洗并加好润滑脂的内轴承盖套在轴颈上。

1. 冷套法

把轴承套到轴上,对准轴颈,用一段铁管,其内径略大于轴颈直径,外径略小于轴承外圈外径,铁管一端顶在轴承的内圈上,用手锤敲打铁管的另一端,将轴承敲打到位,如图4－8(a)所示。

若找不到套筒,可用一根铜棒抵住轴承内圈,沿内圈圆周四周均匀敲打,使其到位,如图4－8(b)所示。

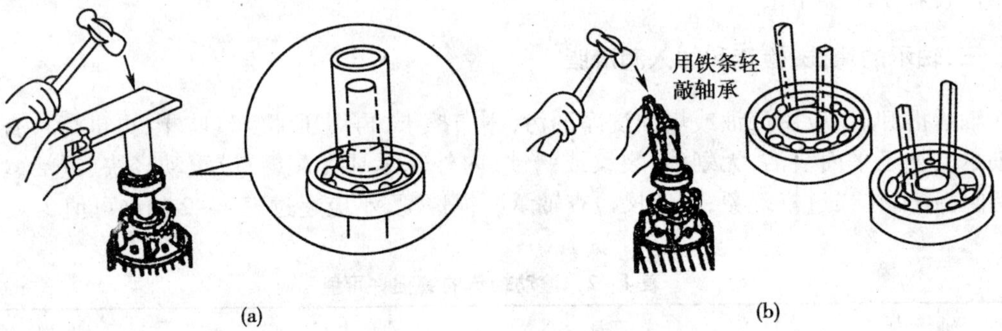

图4－8　轴承的装配

(a)用套管扣住轴承敲打;(b)用铜棒抵住轴承内圈敲打

2. 热套法

将轴承放在80 ℃～100 ℃变压器油中加热30～40 min,加热时,轴承要放在网架上,不要与箱底或箱壁接触,油面要覆盖轴承,加热要均匀,温度不能过高,时间也不宜过长,以免轴承退火。热套时,用手锤轻轻敲入。轴承套好后,用压缩空气吹去轴承内的变压器油,并擦干净。

将轴承安装好后,要添装润滑脂,以轴承空腔溶剂的2/3为度,轴承内外盖润滑脂添装应为盖内溶剂的1/3～1/2。安装轴承时,轴承的标号必须向外,以便下次更换时查对轴承型号。

(二)后端盖的安装

转轴较短一端是后端,后端盖应装在这一端的轴承上。装配时,将转子竖直放置,使后端盖轴承座孔对准轴承外圈套上,然后一边使端盖在轴上缓慢转动,一边用木榔头均匀敲打端盖中央部位,如图4－9所示。如果用铁锤,被敲打面必须垫上木板,直到端盖到位为止,然后套上后轴承外盖(有的端盖无外盖),旋紧轴承盖紧固螺丝,旋紧时要均匀拧紧,不能先拧紧一个,再拧紧另一个。

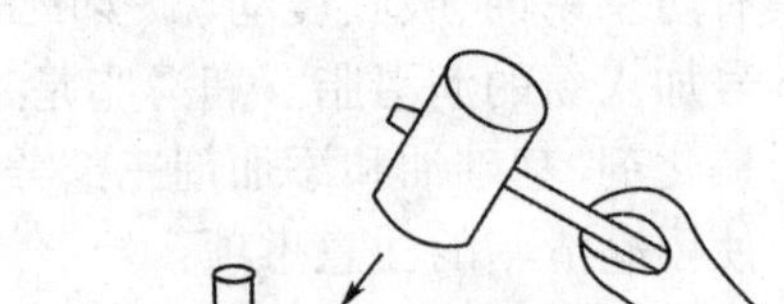

图4－9　后端盖的装配

（三）转子安装

按拆卸时所作的标记，把转子对准定子孔中心，小心地往里放送，按对角线交替顺序旋上后端盖螺栓，但不要拧紧。

（四）前端盖的安装

将前轴承内盖与前轴承按规定加足润滑脂。再将前端盖对准机座的标记，用木锤均匀敲击端盖四周，不可单边着力，并拧上端盖的紧固螺栓。拧紧前后端盖的紧固螺栓时，也要四周均匀用力，要按对角线上下左右逐步拧紧，不能先拧紧一个，否则易造成耳攀断裂和定转子同心度不良等。然后再装前轴承外端盖，装配时，因无法观察前轴承内盖螺孔与外轴承盖螺孔是否对齐，而影响前轴承外盖的装配。为解决这问题，可用两种方法：第一是当端盖固定到位后，将前轴承外盖与端盖螺孔对齐，用一颗轴承螺丝伸进端盖上的一个孔，边旋动转轴，边轻轻的顺时针方向拧动螺丝，当手感觉到对齐时，就可以将螺栓拧入轴承盖的螺孔内，再装另两根螺栓，拧紧时，应逐步拧紧；第二是用一颗比轴承盖螺丝更长的无头螺丝，先拧紧前轴承内盖，再将端盖和前轴承外盖相应的螺孔套在这颗长螺丝上，使内外轴承盖孔与端盖孔始终对准。最后用轴承盖螺丝替换无头螺丝。

（五）安装风叶和风罩

绕线式电动机要按所作标记装上刷架、刷握和电刷等，安装前要做好滑环、电刷表面和刷握内壁的清洁工作。安装时，滑环与电刷的吻合要密切，弹簧的压力要调整均匀。装配完毕后用手转动轴，转子应转动灵活、均匀、无停滞或偏重相擦现象。

（六）联轴器的安装

当联轴器与轴的键槽位置对齐后，中小型电动机在联轴器的端面垫上木块用手锤打入。大型的可用千斤顶将联轴器顶入。

五、装配后的检查

（1）一般检查。检查所有紧固螺栓是否拧紧，转子转动是否灵活，轴伸端径向是否有偏摆情况。绕线式转子的刷架位置安装是否正确，电刷与滑环的接触是否良好，电刷在刷握内有无卡住现象，弹簧压力是否均匀等。

（2）测定绝缘电阻。测定电动机定子绕组相与相、相对地的绝缘电阻，其值不得少于0.5 Ω。对于绕线式电动机还应测量转子绕阻对地的绝缘电阻，其值不得少于0.5 Ω。但不需测量转子绕阻相与相间的绝缘电阻，因它是“Y”接法，相与相间是相通的。

（3）检查与电动机铭牌相符的电源电压的正确接线，并在机壳上接好接地线，然后通电，用钳形电流表分别测量三相电流是否正常。

（4）用转速表测量电动机转速。

（5）检查轴承的温度是否过高，轴承运转时是否有异常声音，铁芯是否过热或发热等，绕线电动机空载时，还应检查电刷有无火花和过热现象。

第三节　船用三相异步电动机常见故障及排除

电动机经长期运行，难免出现故障，船舶在海上航行，电动机出现故障无法修理和更换，只得由轮机员突击排除，所以轮机员掌握电动机的故障排除技能是非常重要的。电动机的故障是多种多样的，作为轮机员，应能根据电动机的故障现象，分析产生原因，并采用正确的方法排除。

一、三相异步电动机的故障分析

(一)常见故障现象

1. 合上闸刀[或按下启动箱的启动按钮(蓝色)],电动机接通电源不能启动或有异常响声

(1)属于电动机外部原因有:

①断相运行,电源一相或两相断路;②启动设备发生故障;③电动机过载;④电源电压过低。

(2)属于电动机机械结构原因有:

①机壳破裂;②轴承损坏,以致转子与定子相擦;③轴承的滚珠磨损,轴套间隙过大,轴承内严重缺油;④轴承内有异物卡住,转不动:⑤定子在机座内松动或其他零件松动。

(3)属于电动机绕组方面原因有:

①绕组连接有错误;②定子绕组断路或短路。

2. 电动机启动后无力,转速较低

(1)属于电动机外部因素有:

电源电压严重偏低。

(2)属于电动机本身的原因有:

①将三角形接法误接为星形接法;②鼠笼转子的端环、鼠笼条断裂或脱焊;③定子绕组局部短路或断路;④绕线转子的绕组断路,电刷规格不对,滑环表面粗糙不平或有油垢。

3. 电动机启动后过热、冒烟

(1)属于外部原因有:

①电源电压过低或三相电压相差过大,以致电流增大;②电动机过载;③电源一相断路或定子绕组一相断路,造成电动机缺相运行(俗称跑单相)。

(2)属于电动机本身原因有:

①定子绕组局部短路,相间短路,绕组通地;②转子与定子相擦;③绕线式转子电动机的电刷与滑环接触不良,转子绕组断路。

4. 轴承发热

(1)轴承内有额外的严重摩擦,原因有:

①电动机与传动机构连接偏心;②转轴弯曲;③轴承磨损,轴承内有异物;④轴承缺油;⑤轴承规格标准不适用。

(2)轴承与轴颈、端盖轴承座孔配合过松,轴承走内圆或外圆。

(二)故障的分析、检查

三相异步电动机的故障虽然繁多,但故障产生总是和一定的因素相联系的。例如电动机绕组绝缘烧坏是与绕组过热有关,而绕组的过热总是和电动机绕组中电流过大有关。只要根据电动机的基本原理、结构和性能,以及各方面的情况,就可对故障作出正确的判断。所以在电动机修理前,要对电动机作必要的检查。

(1)对电动机进行观察,有无异常响声和剧烈振动,开关及电动机绕组内有无窜火冒烟及焦臭味等。

(2)电动机的外部检查,包括机械和电气两个方面。

①机座、端盖有无裂纹，转轴有无裂痕或弯曲变形，转轴转动是否灵活，有无不正常的声响，风道是否被堵塞，风扇、散热片等是否完好。

②测量绝缘电阻和直流电阻。检查绝缘是否损坏，绕组中有否断路、短路及通地现象。

③可进行通电试验检查。用三相调压变压器开始施加约30%的额定电压，再逐渐上升至额定电压。若发现声音不正常或有焦味、不转，应立即断开电源进行检查。当启动未发现问题时，要测量三相电流是否平衡。若不平衡，电流大的一相可能是绕组短路，电流小的一相，可能是多路并联绕组中有支路断路。若三相电流基本平衡，可使电动机连续运行1～2 h，随时用手检查铁芯部分及轴承端盖。若发现有烫手的过热现象，应立即断开电源，拆开电动机，用手摸绕组端部及铁芯部分，若线圈过热，则是绕组短路；若铁芯过热，说明绕组匝数不对，或铁芯硅钢片间的绝缘损坏。

(3)电动机内部检查。经上述检查后，确认电动机内部有问题，就应拆开电动机，作进一步检查。

①检查绕组部分，查看绕组有无烧伤。若有烧坏其颜色会变成暗黑色，或烧焦且有烧焦味。若烧坏一相绕组中几匝线圈说明短路造成，若烧坏几个线圈，多半原因是相间或连接线(过桥线)的绝缘损坏所致。若烧坏一相绕组，原因多为定子绕组三角形接法，是有一相电源断电所引起的。若烧坏两相绕组，这是有一相绕组断路产生的。若三相绕组全部烧坏，其原因大都是由于长期过载，或启动时转子被卡住引起的，也可能是绕组接线错误引起的。同时查看绕组的导线是否烧断和绕组的焊接处有无脱焊、假焊现象。

②检查铁芯部分，查看转子、定子铁芯表面有无擦伤痕迹。如果发现转子表面只有一处擦伤，而定子表面全部擦伤，原因大多是轴弯曲或转子不平衡造成。若转子表面一周全有擦伤痕迹，而定子表面只有一处伤痕，这是因为转子、定子不同心造成。

③检查轴承部分。查看轴承的内外套与轴颈及轴承室配合是否合适，同时也要检查轴承的磨损情况。

二、定子绕组故障的排除

(一)断路故障的排除

断路故障多数发生在电动机绕组的端部，各绕组元件的接头，或电动机出线端等处附近。故障原因有绕组受外力的作用而断裂，接线头焊接不良而开脱，绕组短路或电流过大导致过热而烧断。

1. 检查方法

检查断路可用摇表、万用表和检验灯等来检验。电动机绕组接法不同，检查绕组断路的方法也不一样。

对于星形连接且在机内无并联支路和并绕导线的小型电动机，可将万用表置于相应电阻挡，一支表笔接星形接法的中点，另一支表笔分别接三相绕组端头 U_1，V_1，W_1，如果某一相不通，电阻大，则该相断路。

星形连接，中性点未引出接线盒，如图4－10所示，将万用表置于相应电阻挡，分别测量 UV，VW，WV 各对端子，或 UV 通，而 VW 和 WU 不通，说明 W 相两次不通，则断点在 W 相绕组。

三角形连接，如果只有三个线端引出接线盒，如图4－11所示，仍用万用表检测每两个小线端之间的电阻。设每相绕组实际电阻为 r，万用表测得 UV 间的电阻为 R_{UV}，若三相绕组完好,则 $R_{UV}=2/3\ r$, $R_{VW}=2/3\ r$, $R_{uw}=2/3\ r$。若 UV 间有开路,则 VW 或 WU 任意一相开路,则 $R_{UV}=r$。

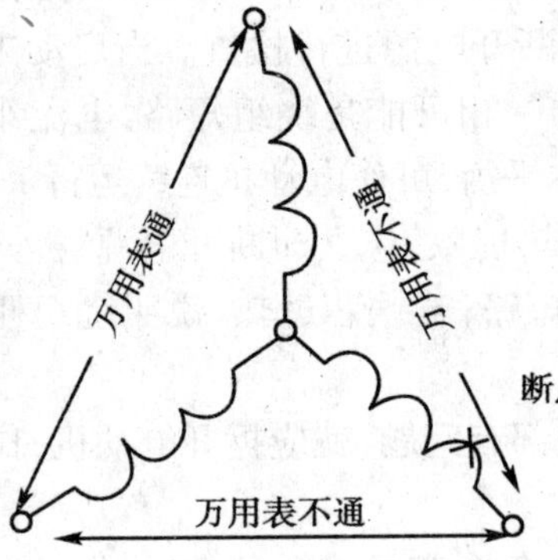

图 4-10　用万用表检查 Y 形接线绕组断路

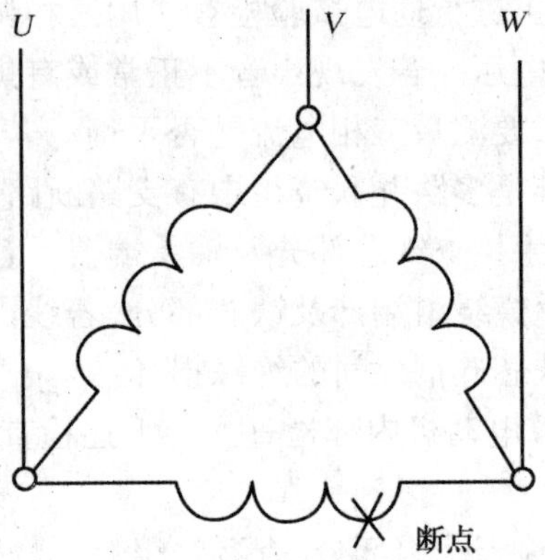

图 4-11　用万用表检查△形接线绕组断路

三角形连接,如果有六个线端引出接线盒,先拆开三角形连接之间的连接片,使三相绕组互相独立,可直接测各相绕组首尾端电阻,哪相不通,即为该相断路。

船上的起货机所用的三相三速电动机,其绕组系多股导线并绕和多条支路并联,其断路的检查较为复杂,可采用下面两种方法检查。

(1)三相电流平衡法　对于星形接法的电动机,将三相绕组并联后,与低电压大电流的电源相通,如果三相电流值相差大于5%时,电流小的一相为断路,如图 4-12(a)所示。对于三角形接法的电动机,先把三角形的接头拆开一个,然后通入低电压大电流的电源,用电流表逐相测量每相绕组的电流,其中电流小的一相为断路相,如图 4-12(b)所示。

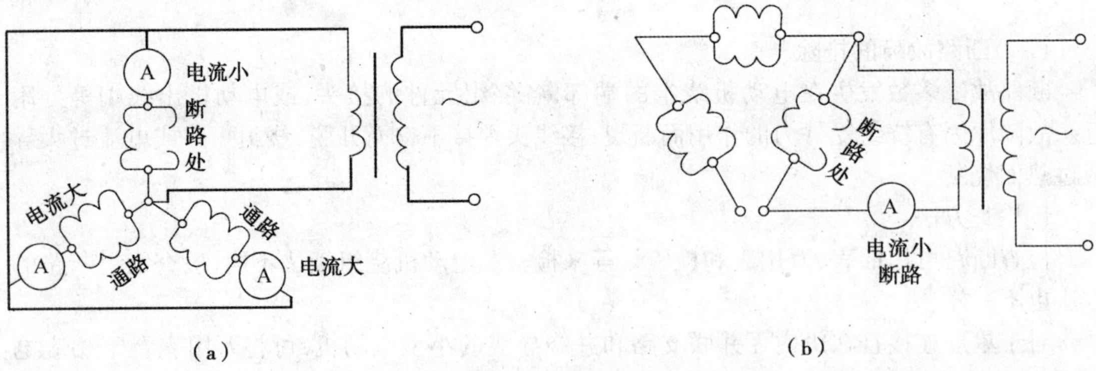

图 4-12　用电流平衡法检查并联绕组断路

(a)星形连接;(b)三角形连接

(2)电阻法　在星形接法时,用电桥或万用表低电阻挡分别测量三相绕组直流电阻,哪相电阻大,断路点就在哪相。若绕组是三角形接法,先拆开一个接点,再用电桥或万用表低电阻挡分别检测三相绕组冷态直流电阻,哪相电阻大,断路点就在哪里。

2. 修理方法

若断路点在铁芯槽外,又只有一股导线断开,可重新焊牢并处理好绝缘。若是两股以上断开,则应仔细判断断点处的线头和线尾,否则接通后容易造成人为短路。若断路是因过桥线或引出线焊得不牢,将其重新焊接,焊接前要穿进套管,焊接后要把焊接处套上套管。若断点在槽内,只好采用穿绕法更换故障线圈。

线圈穿绕修补方法:用红外线灯将断点绕组加热至 80 ℃左右,使线圈绝缘软化,取出断路线圈的槽,将这个线圈(跨两槽)两端剪断,用钳子(尖嘴钳)把导线从槽内一根一根抽出后,清理线槽绝缘,换上新的线槽绝缘,如用一层聚脂簿膜青壳复合纸做成圆桶形,套进槽内。用原来规格的导线(漆包线),其长度要比原来的长度稍长些,从导线的中部开始穿线,在槽内来回穿绕到原来的匝数。若最后几匝穿绕有困难时,可用比导线稍粗且打了蜡的竹签做引线进行穿绕。穿绕完毕后,整理好端部,顺次接好线头,处理好槽绝缘及端部绝缘,并进行必要的检测。合格后,涂上绝缘漆烘干,即可投人使用。

如遇到电动机急需使用的情况,如机舱的泵在航行中需要运转,一时来不及修理,可采用跳接法作应急处理,即把断路线圈的两端用导线连起来。若采用这种应急措施,要适当减轻负载,用毕后,应该用穿绕修补法处理。

(二)绕组通地和绝缘不良的检修

船舶机舱的环境是恶劣的,由于潮气、水滴、油垢的侵蚀,使得导线绝缘电阻下降,若不及时检查处理,通电运行后,有可能引起电动机绕组击穿烧毁。

1. 绕组绝缘下降的检查

电动机绝缘电阻的测量一般用兆欧表。测量电动机绕组对机座的绝缘时,把兆欧表的“L”端接在电动机绕组的引出端线上(可分相测量,也可以三相并在一起测量),“E”端接在电动机的机座上,以 120 r/min 的速度摇动兆欧表的手柄。对额定电压在 500 V 以下的电动机,绝缘电阻一般不应小于 1 MΩ,最小不得低于 0.5 MΩ,否则绝缘电阻不合格,说明电动机受潮,或绕组绝缘老化。若遇到所测绕组对地短路,则表针会摆指“0”位,应迅速停止摇动手柄,以免损坏仪表。

测量绕组相间的绝缘电阻。测量时把三相绕组的六个引出线端的连接头全部拆开,用兆欧表测量每两相间的绝缘电阻,绝缘电阻应在 0.5 Ω 以上。如果一时找不到兆欧表,也可以用校验灯检查绝缘情况。先把绕组各线头拆开,然后用 36V 10W 的灯泡串联起来,如图 4－13所示。逐相测量相与机座,相与相间绝缘情况。如果灯泡发亮,说明电动机的绕组已通地或相间击穿。

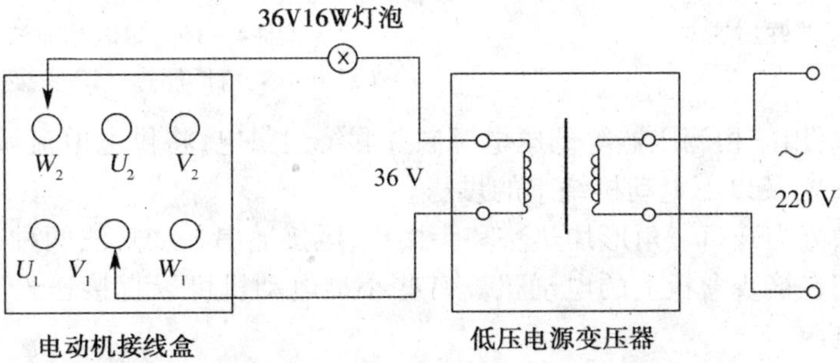

图 4－13　用校验灯检查绕组绝缘情况

修理方法:如果测定是绕组受潮,将电动机两盖拆下,放在烘箱内烘,烘到绝缘电阻达到要求为止,这叫外部干燥法。如果船上没有烘箱,也可用灯泡干燥法,其烘烤设备如用4-14所示,将待烘定子置于两个灯泡之间(最好用红外线灯泡)。在烘烤过程中,用温度计监视烘烤温度,A级绝缘不得超过120 ℃ ±5 ℃,B级绝缘不得超过130 ℃ ±5 ℃。灯泡功率按5 kW/m³左右考虑,烘烤时应留出排气孔以便排除潮气。

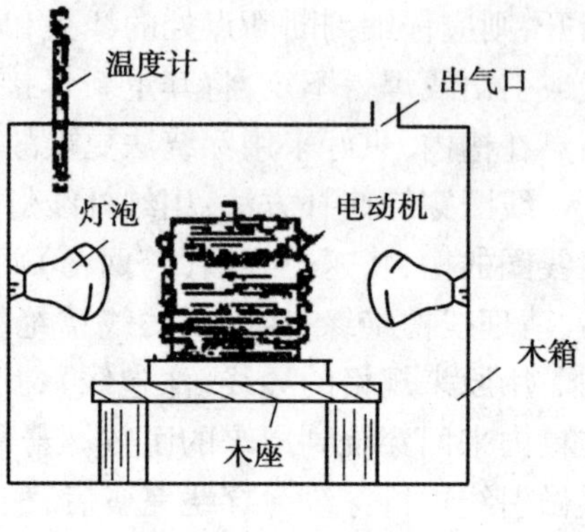

图4-14　灯泡干燥

若在航行船上无法使用外部干燥法,可采用内部干燥法中的电流干燥法(也称铜损干燥法),此法是将电动机绕组按一定的接线方法输入低压电流,利用绕组本身的铜损发热进行干燥。其接线方法有并联加热法.如图4-15所示,和串联加热法如图4-16所示。但不管采用哪种方法,每相绕组所通过的烘烤电流都应在电动机额定电流的60%左右,通电时间以3~4 h,绕组温度达70~80 ℃为宜。

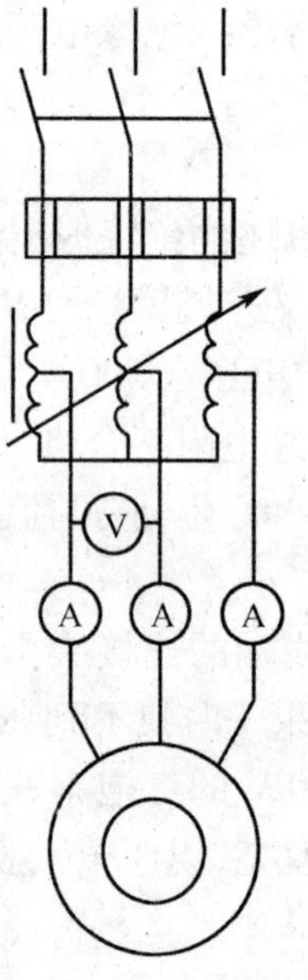

图4-15　并联加热法

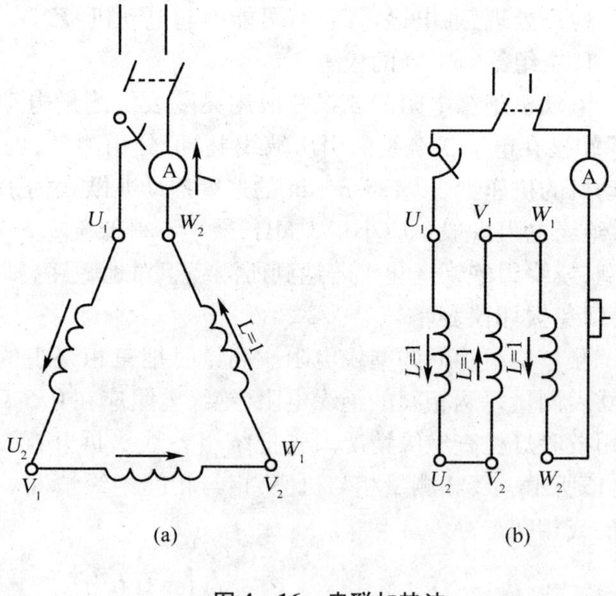

图4-16　串联加热法

(a)开口三角形加热;(b)头接头、尾接尾串联加热

并联加热法:用三相调压器等低压电源向并联绕组供电,将供电电流调到规定值。这种方式适用于25 kW及以下电动机绕组的烘烤。

串联加热法分为开口三角形加热法和头接头、尾接尾串联加热法两种,适用于三相绕组的六根引出线都在接线盒板上的电动机。有些小型电动机可以直接送入220 V交流电源,不必另备低压电源。

2. 烘烤电动机时的注意事项

(1)烘烤前必须将电动机清理干净,特别是应清除沾在绕组膜上的杂物,因干燥后则不易清除。

(2)通电烘烤电动机,外壳必须可靠接地。

(3)烘烤过程中必须加强监视,以免造成烘烤质量不佳或烤坏绕组。

(4)烘烤封闭式电动机(船上电动机为封闭式),必须拆开端盖,以使潮气散发,否则会使潮气侵入绕组内部造成隐患。

(5)烘烤时既要注意保温,以减少电能消耗,又要注意潮气散发。

(6)烘烤过程中应经常测量绕组绝缘电阻,并做好记录。在烘烤前阶段,由于绕组温度升高,需排除潮气,绝缘电阻在短时间内有所下降,随后开始回升,若绝缘电阻远大于规定值且 3 ~5 h 不变,则烘烤达到要求,即可停止烘烤。

(三)绕组接地故障的排除

若是绕组老化变质,必须重绕。若短路点在槽口附近,可将绕组加热软化,用划线板橇开槽绝缘,插入大小及厚度适当的绝缘材料。如果两根以上的导线绝缘损坏,在处理好槽绝缘后,可在导线间绝缘损坏部位插入蜡绸布隔离,最后涂上绝缘漆,烘干后重新用兆欧表复测。如果发生在槽内,须更换绕组或用穿绕修补法更换线圈。

(四)短路故障的排除

1. 检查方法

(1)用兆欧表或万用表检查相间短路　断开电动机接线盒里三相绕组的线头,分别检查二相绕组间绝缘电阻,若绝缘电阻很低,说明该二相短路。

(2)用万用表检查绕组的匝间短路　利用万用表的 $R \times 1$ 挡或 $R \times 10$ 挡测量各绕组的直流电阻,电阻值较小的一相有可能是匝间短路。

(3)用电流平衡法检查并联绕组的短路　用图 4 - 12 的方法分别测量三相绕组的电流,电流大的一相为短路相。

2. 修理方法

(1)相间短路　绕组相之间的短路多由于各绕组引出线套管处理不当或绕组两个端部相间绝缘纸破裂或未嵌到位造成。这种情况下,只需处理好线绝缘套管,或者在绕组端部短路部位塞入完好的相间绝缘材料即可消除故障。

(2)匝间短路　若绝缘层损坏不严重,可先对绕组加热使绝缘物软化,用划线板撬起坏导线,塞入新的绝缘材料,并趁热浇上绝缘漆烘干即可。如果少数导线绝缘损坏严重,可用穿绕法换上同规格的新的漆包线并处理好接头。

三、鼠笼式转子故障的排除

鼠笼式转子的常见故障是断条,断条后电动机能空载运行,但加负载后,转速会明显下降,测量三相定子绕组电流时,电流表指针会往返摆动。

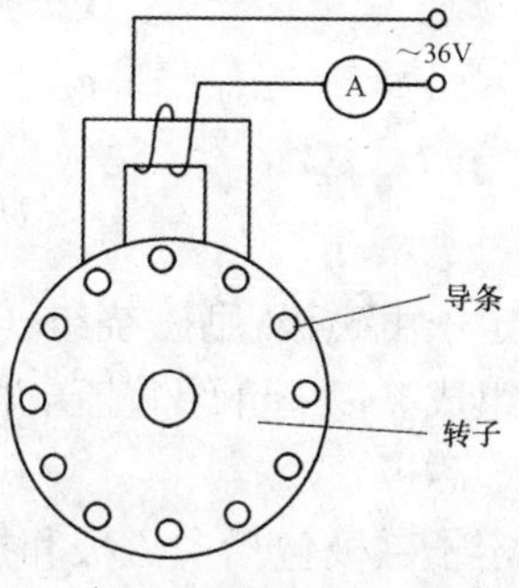

图 4 - 17　用短路测试器检查断条

1. 检查方法

(1)用短路测试器检查　如图 4 - 17 所示,短路测试器接通 36 V 交流电源,放在转子铁芯槽口上沿转子圆周逐步移动,如导条完好,电流表指示的为正常的短路电流,若某一槽口电流有明显的下降,则该处导条断裂。

(2)导条通电法　在转子两端端环上加 3 V 的交流

电，用锯条沿着导条依次测试，当某一部位不吸引锯条时，则该处导条已断裂。

2. 转子铜断条的修理

如果槽外处脱焊，则在焊口处用锉刀清理后，用磷铜焊料焊接。如槽内有几根铜条断裂，用凿子把断条凿去，换上相同规格的新铜条；铜条两端伸出 15 mm，并敲弯紧贴在端环所开的缺口上，然后用气焊焊牢；再将所开的缺口用铜焊补上，堆焊高度要略高于端环，再用车床车平，并须校准转子的平衡。

3. 铸铝转子断条修理

用车床车去转子两端的端环，用夹子夹紧铁芯，放到 10% 氢氧化钠（NaOH）溶液中，并加热到 80 ~ 100 ℃左古，直到铝熔化为止；取出转子用清水冲净，并清除残余的铝层，这样可以重新铸铝或改成铜条转子。因为铝、铜的电阻率不一样，所以改换为铜条转子时，铜条的截面积应为槽面积的 55% 左右，两端环的截面应是原铝端环截面积的 70%。

第四节　船用直流电机常见故障的排除

一、直流电机的结构及拆装

直流电机是直流发电机和直流电动机的总称，既可以作为直流发电机用，也可作直流电动机用。直流电机是船舶上应用最早的一种电机，因为它具有良好的启动、调速性能，能够满足船舶各种机械对电力拖动特性的要求。

（一）直流电机的结构

一台直流电机可分为两大部分，定子部分和转子部分（又称电枢），其剖面结构如图 4 - 18 所示。

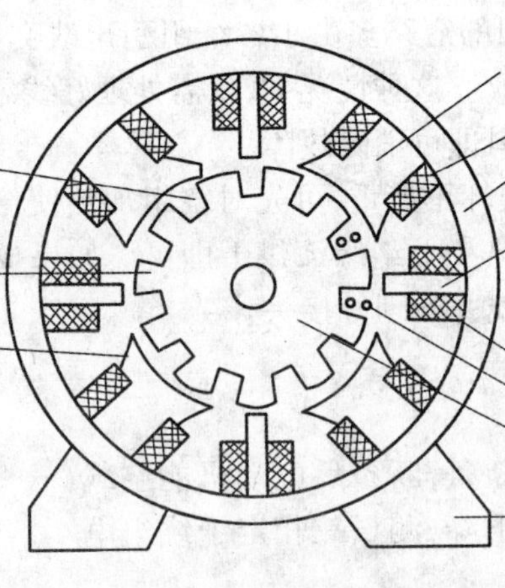

图 4 - 18　直流电机剖面结构示意图

定子由磁极、励磁绕组、电刷装置和机座组成。转子由电枢铁芯、绕组、换向器、转轴和机座组成。以下介绍直流电机主要部分的结构特点。

1. 磁极

定子磁极包括主磁极和换向磁极两种。主磁极包括主磁极铁芯和套在铁芯外的励磁线圈（也称激磁线圈），主要作用是产生主磁场。换向极的作用是改善电机换向器的工作状况

(减小火花),它设在两个相邻的主磁极间,它也由线圈套在铁芯上构成。在铁芯和机座间有垫片,用来改变换向极下气隙的大小。

2. 电枢

电枢具有进行能量转换的功能,对发电机来讲,是将输入的机械能转换为电能向外输出;对电动机来讲是将输入的电能变换成机械能向外输出。因此电枢是电机中最重要的部分。

转子铁芯有两个作用,一是作为磁通的路径,二是嵌放电枢绕组,转子绕组是发生能量转换的部件。换向器的作用是将电枢绕组内的交流电势变成电刷间的支流电压,其结构如图 4 - 19 所示。它由许多换向片构成筒形,片与片之间垫上云母绝缘,圆筒两端用两个 V 形的环夹紧。每一个换向片有一升高部分,其上开有一小槽,绕组各元件的线端就焊在这个槽上。

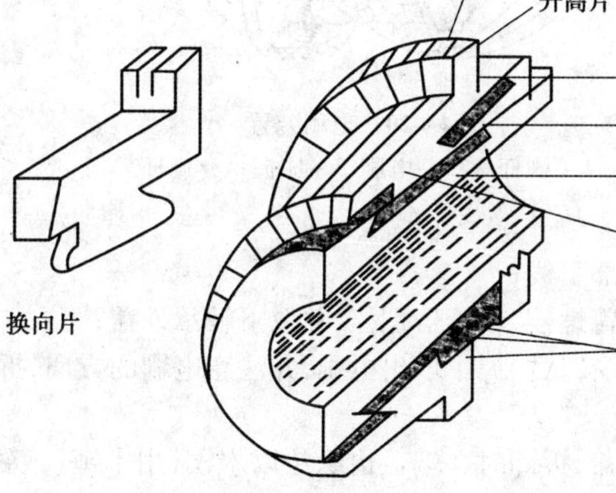

图 4 - 19　换向片和换向器

电刷装置,对发电机而言,它是把电枢绕组中的电压和电流引出到机外;对电动机而言,它是把外部电源电压和电流引入到电枢绕组中。电刷装置由电刷、刷握、刷杆、刷杆座(也称座圈)组成,其中最重要的是石墨做成的电刷,电刷放在刷握盒内,并用弹簧以一定的压力将它压在换向器上。刷握固定在刷杆座上。每一根刷杆上按电流的大小,用几块电刷并联起来组成一个电刷组,各电刷块用软引线汇接在一起,然后再把同极性的电刷用导线连接在一起,引到接线盒的接线板上。电刷组的数目一般等于主磁极的极数,各电刷组之间在换向器表面上的距离应该是相等的,且在正常运行时,应位于主磁极的轴线上。为了便于调整电刷位置,刷杆做成可调的,当电刷位置找到后,就用螺钉把刷杆座固定在端盖或机座上,电刷装置如图 4 - 20 所示。

(二)直流电机的拆装

为确保电机正常工作需要经常维护和保养,轴承需要定期加油,电机发生故障时需要解体检查,因此需要掌握电机的拆装工艺。拆卸前应在刷架处做好明显的标记,在端盖与机座的连接处也作明显的标记,便于装配。

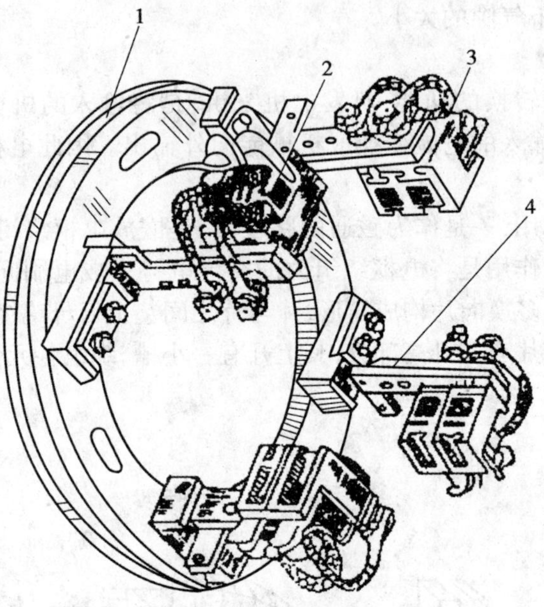

图 4－20　电刷装置

1－刷杆座;2－电刷;3－刷握;4－刷杆

一般的拆装步骤如下:

(1)拆除电机的所有外部引线;

(2)拆下换向器端的端盖螺栓、轴承盖螺栓,并取下轴承外盖;

(3)打开端盖上的通风窗,从刷握中取出电刷,并注意电刷的方向,拆下接到刷杆上的连接线;

(4)拆卸换向器端的端盖,拆卸时在端盖边缘垫以木楔,用木锤(或铁锤)沿端盖四周的边缘均匀地敲击,逐渐使端盖止口脱离机座及轴承外圈;如无必要不必从端盖上取下刷架;

(5)用纸板将换向器包好,用纱线扎紧;

(6)拆下轴伸端的端盖螺栓,把连同端盖的电枢从定子内小心地抽出,不要擦伤电枢绕组;

(7)拆下轴伸端的轴承盖螺栓,并取下轴承外盖;

(8)将连同端盖的电枢放在木架上,并用布包裹好。

轴承只有在损坏需要更换时方可取出,如无特殊原因,不要拆卸。电机保养或修复后的装配要按拆卸的相反顺序进行,并按预先作的标记,校正电刷位置。

二、直流电机的维护

(一)直流电动机的使用

1. 启动

启动前要检查电动机的接线与测量仪表的连接是否完好等情况。检查启动器的弹簧是否正常,转动臂是否灵活和是否在断开的位置上。检查启动箱中可动部分的动作是否灵活,磨擦零件是否有润滑油。一般船舶在航行中要检查起货机、锚机等启动箱是否正常,以准备抛锚和到码头时起货用。如果是变速电动机,应将调速器调节到最低转速位置。上述检查无误后，合上开关，在电动机有负载的情况下，操作启动箱(或启动器)，在每个触点上停留约2 s，直到最后一挡，转动臂被低压释放器吸住为止。如为变速电动机，还要调节调速器，使转速达到所需的数值。

2. 电动机运行时的注意事项

(1) 轴承转动是否轻快、和谐而无杂声。

(2) 电动机的振动、两倍振幅值不能超过表4－3的规定。

表4－3　直流电机允许的振动值

转速/r/min	3000	1500	1000	750	600	500以下
振动值/mm	0.050	0.085	0.100	0.120	0.140	1.200

(3) 电动机在空载到满载的各种负载情况下运行时，换向器上的火花等级不能超过1.5级。火花等级的标准见表4－4。

表4－4　直流电机换向器的火花等级

火花等级	电刷下的火花程度	换向器及电刷的状态
$1\frac{1}{4}$	电刷边缘仅小部分有微弱的点状火花，或有非放电性红色小火花	换向器上没有黑痕及电刷上没有灼痕
$1\frac{1}{2}$	电刷边缘大部分或全部有轻微的火花	换向器上有黑痕出现，但不发展，用汽油擦其表面即能除去，同时在电刷上有轻微灼痕
2	电刷边缘全部或大部分有强烈的火花	换向器上黑痕出现，用汽油不能擦除，同时电刷上有灼痕。如短时出现这一级火花，换向器不出现灼痕，电刷不被烧焦或损坏
3	电刷的整个边缘有强烈的火花，同时有大火花飞击	换向器上的黑痕相当严重，用汽油不能擦除。同时电刷上有灼痕，如在这一火花等级下短时运行，则换向器上将出现灼痕，同时电刷被烧焦或损坏

3. 停车

如为变速电动机，调节调速器先将转速降到最低，切断电源开关，启动器转动臂立即被弹到断开位置。

(二) 电刷装置和换向器的调整与维护

1. 电刷装置的调整和维护

(1)检查电刷弹簧压力　一般用弹簧秤称出，如图4－21所示。

电刷弹簧的压力的测量。测量时，应在正对电刷压紧方向拉紧弹簧秤，以测得实际的压紧力。实际操作时，只要使压块离开电刷，就可读出弹簧秤指示值。

由下式计算电刷压力(实为压强)：

$$P = F/S$$

式中：P——电刷所受压力，单位Pa；

F——弹簧秤指示拉力值，单位N；

S——电刷截面积，单位㎡。

电刷所受压力值应为15～25 kPa。该压力过小会造成电刷与换向器接触不良而产生火花，压力过大会加速电刷与换向器的磨损。对于起货机用的电动机，电刷压力要比一般电机增加50%～70%。还要注意，各组电刷压力不能相差10%以上。若电刷压力不符合要求，要进行调整，调整整个刷握的弹簧压力，或调换刷握。

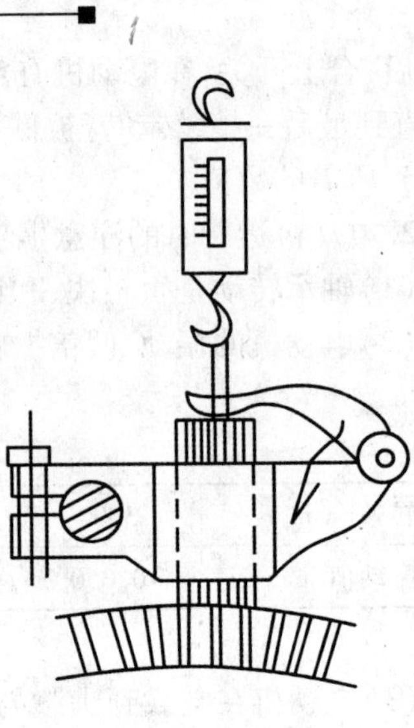

图4－21　测量电刷压力

(2)研磨电刷　如果电刷接触面中被换向器磨光的部分(镜面)面积少于70%，就需对电刷进行研磨。对于单个电刷进行研磨时，把砂纸(“00”号玻璃砂纸)背靠换向器，砂面朝向电刷按图4－22的方向来回抽动砂纸。在电刷接触面达80%以上时，则可认为完成研磨。

若全部电刷都需要研磨(如换向器精车后)，可采用图4－23所示的方法。取砂纸长度约等于换向器周长，用胶布把砂纸条的一端贴牢在换向器表面上，砂纸条其余部分须沿电机旋转方向绕在换向器表面。将待研磨的电刷，放入刷握内，慢慢搬动电机转子，便可使电刷与换向器逐渐磨合，采用这种方法，电刷接触面可达90%。

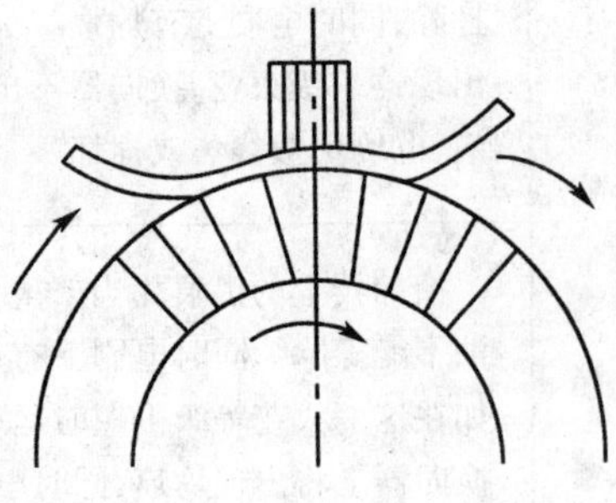

图4－22　单个电刷的正确研磨法

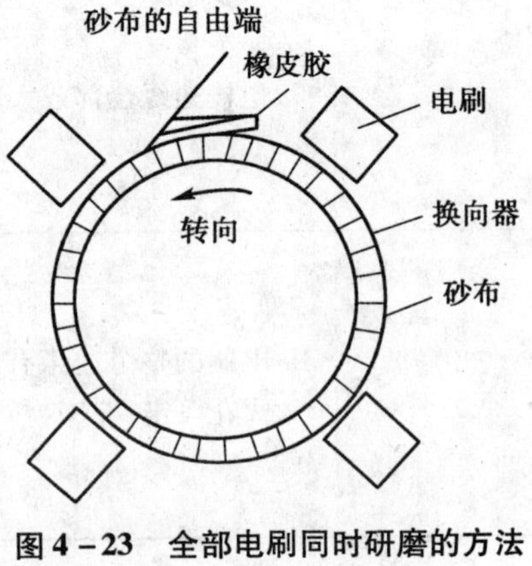

图4－23　全部电刷同时研磨的方法

(3)检查电刷在刷握中的状况　电刷应能在刷握中自由上、下活动，但也不能太松，以免晃动。检查时，用塞尺测量电刷与刷握的间隙，应符合表4－5所列数值。如不符合要求，应对电刷进行修理或更换。

除电刷与刷握间隙应符合要求外，还应注意刷握下部离换向器表面的距离也要保持在24 mm，不宜过高或过低。

若电刷磨损超过全长的60%就必须更换。如果仅更换个别电刷，应注意使全部电刷牌号一致，以免电刷负荷分配不均匀。如果电机一次更换的电刷超过半数，则应先空载或轻载运行一段时间（12 h以上），使电刷磨合后再加负载运行。合理选用电刷，请参看附表中常用电刷的性能和用途。

表4－5　电刷在刷握中的空隙值（mm）

空隙类别	沿电机轴间的空隙	沿旋转方向的空隙	
		电刷宽度5～16	电刷宽度16以上
空隙最小值	0.2	0.10.3	0.150.4
空隙最大值	0.5	0.30.6	0.41.0

2. 换向器的保养

（1）换向器的表面清洁和研磨　由于电刷在运行中的磨损，会产生相当数量的碳粉，过多的碳粉易造成换向器片间隔短路和对地绝缘的降低，或产生环火，所以保持换向器表面清洁是不容忽视的。对表面的污垢，可用棉纱沾少许汽油擦去，对积存在云母槽中的碳粉，可用无刷或旧牙刷顺槽刷出。靠近升高片云母槽中的碳粉和污垢，若不易剔出，可用剔刀或锯片剔出，但不要划伤换向器的表面氧化膜，因为暗褐色有光泽的坚硬氧化膜起着保护作用。

（2）换向器车削修圆　当换向器表面沟槽深度超过1 mm，烧痕深度超过0.5 mm时，就不易用研磨的方法修复，需在车床上对换向器进行车削修复，在车床上应使用顶尖顶住轴两端中心孔定心。车削完成后，换向器与轴的同轴度不应超过0.02～0.03 mm。车圆的换向器表面，还需抛光消除刀痕，在车削加工中，应特别注意防止微小铜屑进入电枢绕组。

车削完成的换向器，还需把片间云母下刻（也称拉槽），下刻后槽深K为1～2 mm（因为船舶直流电机换向器直径大于15 mm），槽和换向片成直角，槽口用锉刀锉出45°的倒角。刻完槽的换向器，还需上车床抛光，并作彻底清洁，这样就完成车削修圆。

3. 电刷中性线位置的调整

如果电机的电刷偏离中性位置时，对于发电机有如下影响：①若电刷偏离中性线太多，发电机不能建立电压；②电刷不在中性线，发电机空载电压达不到额定值，或者发电机空载电压正常，加上负载后电压显著下降。

对于电动机，若电刷不在正常位置，电动机转速就会不正常。不管是发电机还是电动机，若电刷偏离中性线过多，换向器与电刷间会产生强烈的火花。所以为了保证电机运行性能良好，电机的电刷必须放在中性线位置上。当电刷在中性线位置，电机为空载发电机运转，励磁电流和转速不变时，换向器上测得的感应电动势为最大。

确定电刷中性线位置的一般方法是感应法，接线如图4－24所示。在被测试电机相邻的电刷上接一个毫伏表，电枢静止不动，此时在电机主磁极绕组上交替接通或断开一个低压直流电源，当电刷不在中性线位置时，毫伏表上有读数。移动电刷位置，直到毫伏表上读数为零，此时的

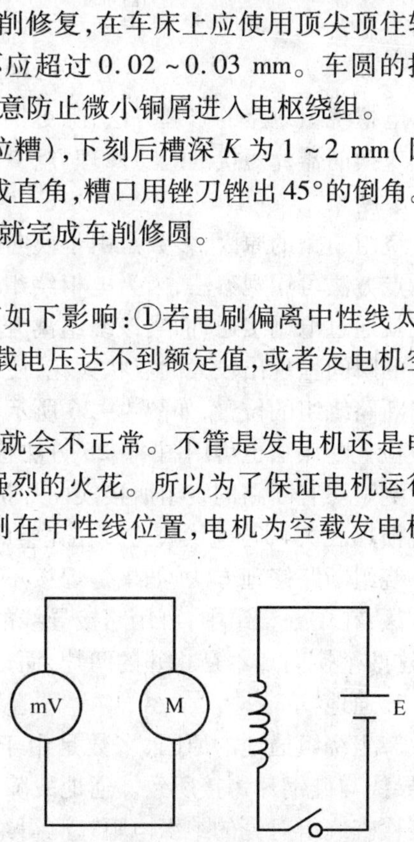

图4－24　感应法测电刷中性位置接线图

电刷位置即为中性线位置。

三、直流电动机故障的排除

（一）电枢绕组常见故障的排除

1. 短路

绕组短路的原因往往是绝缘损坏，使同糟线圈匝间短路，或上下层线圈短路。电枢绕组由于短路故障而烧毁时，一般通过观察即可找到故障点。也可用测量换向器片间压降法，如图4－25(a)所示，将6～12 V的直流电源接到换向器间隔一个极短的换向片上。或如在(b)图中对单波绕组，将电源接入相邻两换向片上。然后用直流毫伏表测量相邻的两个换相片的电压值，逐片检查，毫伏表的读数应是相同的，如果出现读数很小或近似为零，则接在这两个换向片上的线圈有短路故障存在；如读数为零，多为换向器片间短路。

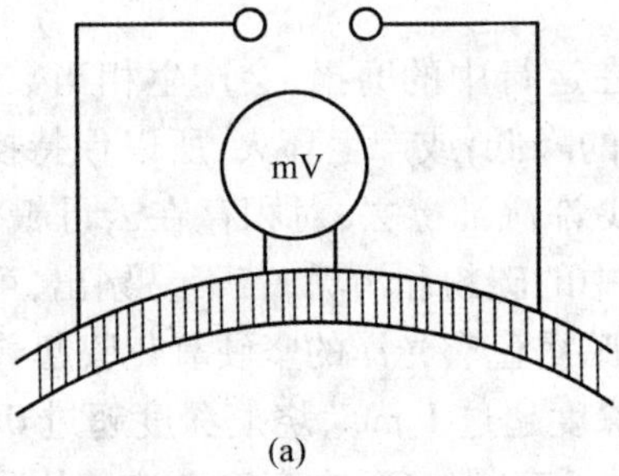

图4－25　测量换向器片间压降法

电枢绕组短路的修理方法，除更换绕组恢复绝缘外，在只有一个线圈短路时，也可采用把相应换向器片短接的应急修理方法。

2. 断路

绕组断路的原因，多数是由于换向片与导线接头处焊接不良，或个别线圈内部断线。检查断点方法可用观察法，因为电枢绕组中个别绕组断路或脱焊时，当该绕组转到电刷下时，电流就通过电刷接通，而当该绕组离开电刷时，电流就通过电刷断开，因此在与电刷接触和离开的瞬间呈现出较大的点状火花，使断路绕组两侧换向片灼黑，根据灼黑的换向片就可以找出断路绕组的位置，如图4－26所示。

检查断点法也可用图4－25方法检查，用毫伏表测量各相邻的两具换向片间的电压值，逐片测量。有断路的绕组所接换向片被毫伏表跨接时，有读数指示，且指针会剧烈跳动（要防止损坏表头），若毫伏表跨接在完整的绕组所接换向片上时，将无读数指示。

绕组断路修理方法：如果是焊接不良应重新焊接，若绕组内部断路，则应重绕。紧急处理方法：在单叠绕组中，可用跨接导线的方法将有断路的绕组元件所接的两个换向片连接起来，这两个换向片不是相邻的两片，而是隔开一个节的两片。

3. 通地

产生绕组通地的原因，多数是由于槽绝缘及绕组绝缘损坏，一般是槽口或槽底对地击穿，导线与硅钢片短接所致。通地故障检查时，一般在将故障电枢拆出检修前，先用500 V欧姆表检查绕组对壳的绝缘电阻。测得绝缘电阻为零时，可判定已发生接地，再拆出转子作进一步检查。常用的检查方法有试灯法和测量换向片对转轴压降法。

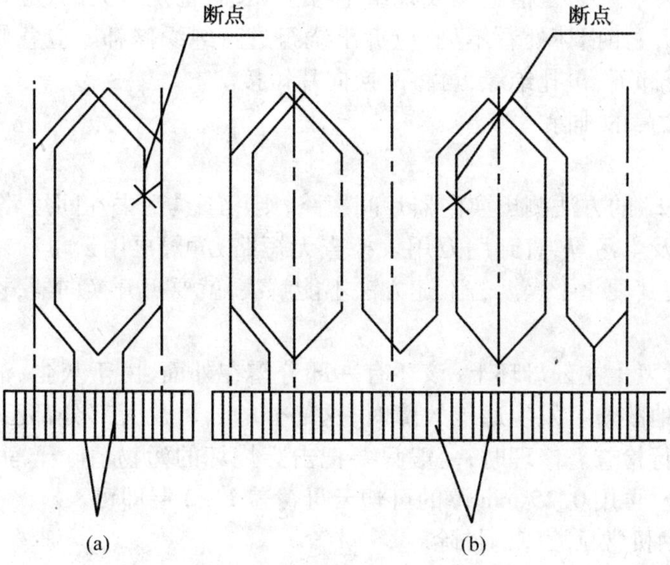

图 4－26 电枢绕组断路观察法

(a)单叠绕组;(b)单波绕组

(1)试灯法 如图4－27所示,220 V交流电源串入试灯后,一端接电枢轴,另一端接换向片。试灯亮,说明电枢有接地点。根据试验时观察到的火花、烟雾、响声及焦味来判别接地点位置。如果试灯法不能发现准确的接地点,可采用测量换向片对转轴压降法。

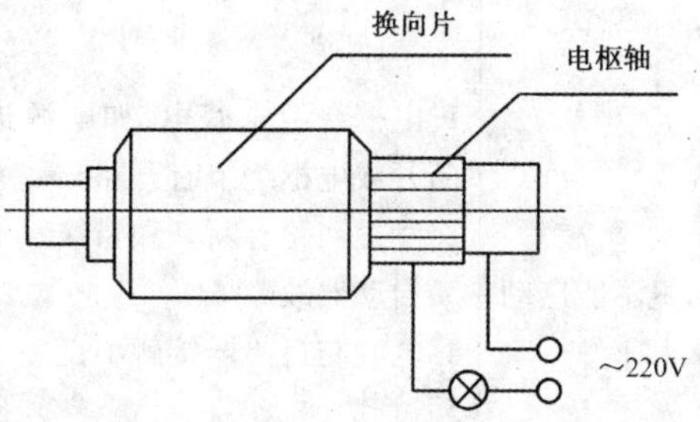

图 4－27 试灯法检查电枢绕组的接地点

(2)测量换向片对转轴压降法 将低压直流电源接到接近一个极距的两换向片上,测量每一换向片对转轴的压降,如图4－28所示。当毫伏表的读数很小或者为零时,表明该换向片所连接的绕组可能接地,此时将接到换向片上的绕组拆开,就可进一步确定接地点了。

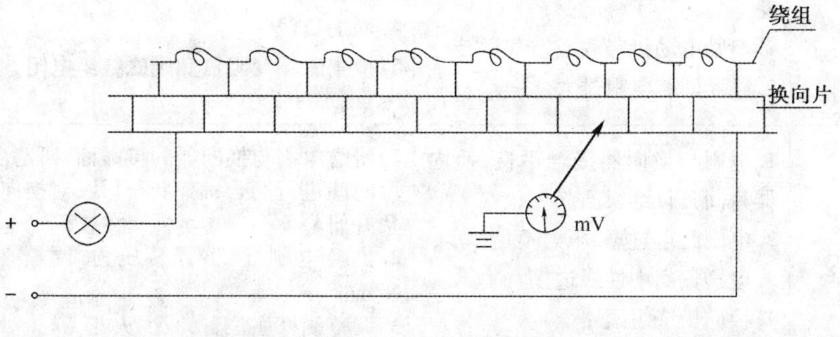

图 4－28 测量换向片对转轴(地)压降法检查电枢绕组的接地点

查出绕组接地点后，若是槽绝缘或绕组绝缘损坏，而且是可见的，应在接地处插垫新的绝缘，将接地点隔开；如损坏处看不见，应拆出绕组进行绝缘修补。应急修理时将接地绕组的引线从换向片上卸下，包扎绝缘，再将两换向片短接。

（二）换向器故障的排除

1. 片间短路

如果按图4－25的方法测出换向器片间短路，则用工具刮去片间短路的金属屑末、电刷粉末、腐蚀性物质及尘污等，直到用万用表检查无短路方可，再用云母粉末或者小块云母加上胶水填补孔洞使其硬化干燥。若上述方法不能解决，就要拆开换向器，检查内表面。

2. 通地

通地故障经常发生在云母环上，该环有一部分露在外面，由于灰尘、油污和其他碎屑堆积在上面，造成通地故障。发生通地故障时，这部分的云母片大部分都已烧毁，比较容易寻找，再用万用表进行检查。修理时，一般只要把击穿烧坏的污物清除干净，用虫胶干漆和云母材料填补烧坏处，再用0.25 mm厚的可塑云母覆盖1～2层即可。

（三）直流电动机常见故障的排除

直流电动机发生故障后，应立即停机进行检修，表4－6是常见的故障排除方法。

表4－6　直流电动机常见的故障及排除方法

故障现象	故障可能原因	排除方法
电动机不能启动	1. 电枢绕组未获电，如电源进线断开或电枢绕组有开路 2. 励磁回路有断开和错接 3. 启动器故障 4. 电刷与换向器接触不良 5. 过载 6. 轴承损坏或有异物	1. 检查电源电压是否正常；开关触点是否完好；熔断器是否完好；电动机各绕组回路有无开路，查出故障予以排除 2. 检查励磁回路的变阻器和主磁极绕组有无断点；回路直流电阻是否正常，各磁极的极性是否正确 3. 检查启动器接线是否有误，启动器触点是否烧毛 4. 清理换向器的表面，修磨电刷，调整弹簧压力 5. 检查负载是否被机械卡住，使负载力矩小于电动机堵转力矩；是否负载过重，针对原因予以清除 6. 清除异物或更换轴承
电动机转速不正常	1. 电刷不在正常位置 2. 电枢及磁场绕组有短路 3. 电动机转速过高，且有剧烈火花 4. 串励电动机轻载或空载运转 5. 磁场回路电阻过大	1. 调整电刷到中性线位置 2. 用电阻法检查是否短路 3. 检查磁场绕组与启动器连接是否良好，有无接错，内部是否短路 4. 增加负载 5. 检查磁场变阻器和励磁绕组电阻，并检查接触是否良好
电刷火花过大	1. 电刷与换向器接触不良，换向器片间云母绝缘凸起 2. 电刷磨得过短，压力不足 3. 电刷偏离中性线过多 4. 换向极绕组短路	1. 研磨电刷与换向器的接触面，研磨后轻载运行一段时间进行磨合；修刮云母片，对换向器片刻槽、倒角并研磨 2. 更换电刷，调整弹簧压力，调整在1.47～2.45 N/mm^2 3. 调整刷杆座位置，减少火花 4. 检查短路点，恢复绝缘

表4-6(续)

故障现象	故障可能原因	排除方法
电刷火花过大	5. 电枢绕组开路 6. 过载 7. 换向极绕组接反(换向器产生高热,并发出"嘎嘎"声) 8. 电枢绕组短路,短路电流使火花过大 9. 换向器表面污垢多,或粗糙不圆	5. 检查换向片间黑点以判断开路元件,并予以修复 6. 恢复正常负载 7. 检查换向极极性 8. 立即停机,检查短路点并予以消除 9. 清洁,研磨或车削换向器外圆
电枢绕组发热甚至冒烟	1. 电刷绕组严重受潮 2. 换向器或电枢短路 3. 长期过载 4. 电源电压过低 5. 定转子铁芯相擦 6. 电动机频繁启动或改换转向	1. 进行烘潮,恢复绝缘 2. 用毫伏表检查是否短路 3. 恢复到额定负载下运行 4. 调整电源电压 5. 检查气隙是否均匀,轴承是否松动、磨损,并予以修复或更换 6. 使用适当的启动器,避免频繁反复运转
并励电动机启动时反转,启动后正转	串励稳定绕组接反	互换串励绕组的二个出线头

(四)直流发电机常见故障的排除

直流发电机发生故障后,应立即停下原动机,船舶一般用柴油机,要迅速关掉油门,然后进行检修,表4-7是直流发电机常见故障及排除方法。

表4-7 直流发电机常见的故障及排除方法

故障现象	故障可能原因	排除方法
发电机不能建立电压	1. 并励或复励电机没有剩磁 2. 励磁回路电阻过大或有开路 3. 发电机旋转方向不符 4. 电刷偏离中性线太多 5. 电枢绕组或磁场绕组中有短路 6. 电刷与换向器接触不良 7. 励磁绕组反接	1. 重新充磁,用低于额定激磁电压的直流电源与磁场绕组接通数秒钟,连接时,注意电源极性与绕组极性不相同 2. 调节磁场变阻器阻值到最小;检查回路中有无断线及接头松动 3. 改变转向 4. 调整电刷位置,使之接近中性线 5. 查出短路点,并消除 6. 清除换向器表面污垢和氧化层,改善电刷与换向器表面的接触状况,修磨电刷;刮低露出换向片云母绝缘 7. 对调励磁绕组两出线端

表 4－7(续)

故障现象	故障可能原因	排除方法
发电机空载电压低于额定值	1. 励磁绕组回路中变阻器电阻过大 2. 发电机转速低于额定转速 3. 电刷不在中性线上 4. 主磁极线圈中有匝间短路或连接线错误	1. 调节变阻器,若阻值不能调节则应检查是否变阻器接触不良或卡住,并加以修复 2. 检查原动机转速;检查原动机与发电机间的连接器是否打滑;是否修理更换后,速比不适当 3. 调节电刷位置 4. 可在主磁极线圈中通以直流电,测量其电压,或用万用表测量其直流电阻,然后将各主极测量结果加以比较,并检查各接线是否正确
发电机加负载后电压显著下降	1. 电刷不在中性线上 2. 复励发电机串激绕组极性接反 3. 换向极绕组接反(这时换向情况恶化,火花随负载增加) 4. 主磁极与换向极的安装顺序不对	1. 调准中性线 2. 调换串励绕组出线两端 3. 把换向绕组端头调换 4. 可将 12 V 直流电源通入主极和换向极后,用指南针辨别主磁极、换向极顺序,直流发电机的极性应是顺转子旋转方向

第五章　船舶安全用电

第一节　电气防火

一、电气设备起火的原因

(1)电气设备及电缆的绝缘强度下降或损坏,通电时发生短路、断路、接地等故障而产生火花。

(2)电气设备或电缆长期过载温升超过允许值,导致燃烧。

(3)直流电机换向不良,在电刷下引起火花,继电器及接触器触头通断时引起的电弧。

(4)导体接触不良,局部过热引起火花或燃烧。

二、电器防火的要求

为了防止电气设备引起火灾,必须做到:

(1)经常检查绝缘电阻,发现问题及时处理;

(2)限制电气设备和导线的载流量,不允许长期过载;

(3)严格按照安装要求装设电气设备,保证安装质量符合要求;

(4)易燃易爆的场所要使用防爆电气设备;

(5)电缆及其他导体连接要牢固,防止松动,铜—铝导线连接时,要注意电化腐蚀。

三、电气灭火器具

对于已切断电源的大面积火灾,可使用水和常规灭火器。对于未切断电源的电气火灾应采用绝缘性能好,腐蚀性小的灭火器。常用电气灭火工具有以下几种。

1. 二氧化碳灭火器

二氧化碳灭火器钢瓶内贮存高压二氧化碳,其绝缘性能好,并且没有腐蚀性,最适合扑救电子及电气设备火灾。

2. 1211 灭火器

1211 灭火器的钢瓶内装有一溴二氟一氯甲烷灭火剂,也是一种扑灭电气火的理想材料。一般船上配电板附近备有这样小型的灭火器,它适合扑灭小面积电气火灾。

3. 干粉灭火器

干粉灭火器的灭火药剂有碳酸氢钠($NaHCO_3$)、碳酸氢钾($KHCO_3$)及磷酸氨[$(NH_4)H_2PO_4$]等三种,灭火时依靠压缩空气驱动。干粉灭火器腐蚀性小,电气绝缘性能好,灭火迅速,效果好,但成本高,一般适用小面积火灾。

第二节　触电及预防

一、触电伤害的种类

触电是指人体触及到带电的物体,受到较高电压或较大电流的伤害,而引起局部受伤或死亡的现象。按伤害程度不同,可分为电伤(外伤)和电击(内伤)两类。

(1)电伤　电路放电时,电弧或飞溅物使人体外部发生烧伤、烫伤的现象叫电伤。

(2)电击　人体触到带电物体,电流通过人体内部器官而造成的伤害叫电击。

二、触电的原因及预防

在船舶上引起触电的原因很多,归纳起来主要有三点:一是违章冒险,如明知在某些情况下不准带电操作,而冒险在无必要的保护措施下带电操作,结果触电受伤或死亡;二是缺乏安全用电常识,如把普通220 V台灯移到浴室照明,并用湿手去开关电灯,移动灯具无安全电压等;三是用电设备及电线绝缘降低,刮破或导体裸露出来,当人触及时造成触电。

预防触电及安全用电的具体措施:

(1)工作前应把衣服钮扣扣好,并穿胶底绝缘鞋。

(2)电气器具的电线、插头必须完好。插头应与所有插座吻合,无插头的电器不准使用。36 V以上的电器应具有接地触头的插头,以便连接保护接地线或接中线。平时要维修保养好电气设备,保持电气设备绝缘良好和接地良好。

(3)不要先开启开关后连接电源(指手提电器)。禁用湿手或在潮湿的地方使用电器或开启开关。

(4)修理任何线路及线路上的电器时,应自电源处拿掉熔断器拉下开关,并挂上警告牌,如“不许合闸,有人工作!”修理完毕后,通电前应先查看一下线路有无他人在工作,确认无人后,方可装上熔断器合上开关。

(5)换熔丝时,一定要先拉断开关,并换上规定容量的熔丝,不得用铜丝或其他金属丝代替。

(6)检查电路是否有电,只能用万用表,验电笔或校验灯。未确定无电前不得进行工作。带电作业必须经过电气负责人的批准,作业时必须有两人一同进行。在带电操作时,应穿上绝缘鞋,戴上绝缘手套,并尽可能用一只手接触带电设备和进行操作。整个操作过程须有人监护。

(7)在维护和检查有大电容器的电气装置时,应将电容器进行充分放电,必要时可短接后再进行工作。

(8)在机舱工作时,应有适当的照明,所用灯具的电压应符合安全标准,如36 V或24 V。

三、触电的急救

发现有人触电应立即组织现场抢救。

1. 迅速脱离电源

人触电后,会引起肌肉痉挛,若手握导线,则会更紧,往往不能自觉脱离电源。如果电源在事故现场附近,救护人应迅速切断电源,但要防止高处触电者坠伤。如果电源离事故现场较远。应随机使用各种绝缘物使触电者脱离带电体,此时一定要防止救护者再触电的连锁事故发生。

2. 救护

根据触电后伤害程度采用相应的救护方法。

(1)若伤害不重,未失去知觉,神志清醒,感到有些心慌、乏力和肢体发麻时,应使触电人休息,保持安静。救护人不要远离触电人,观察有无异常。

(2)若触电人已经失去知觉,但还能呼吸,应将触电人抬到通风处,松开衣领,以便呼吸畅通。

(3)若触电人伤害较重,失去知觉,停止呼吸,但尚有心跳,应立即进行人工呼吸。

(4)若触电人伤害相当严重,失去知觉,停止呼吸,心跳停止,处于休克状态,应立即进行人工呼吸和心脏按压。

救护者必须连续不断地进行抢救,直到触电人恢复心跳。注意,触电后严禁注射强心剂。

第三节 船舶电气系统的接地保护

船舶电气系统的接地是指对船舶电气设备的金属外壳、支架和电缆的护套与金属船体作永久性的电气连接,这是一项重要的安全保护措施。根据接地的功用,船舶接地保护的类型主要有以下几种。

1. 保护接地

保护接地是指电气设备在正常情况下,将不带电的金属壳罩或构架等与地做好可靠的金属连接,一旦这些部位带电时,使站在地上的人体的接触电压和人体电流近于零。中性点对地绝缘的低压电力系统宜采用这种保护接地,如图 5-1(a)所示。虽然是中性点绝缘系统,但由于配电线路与地间存在着分布电容以及对地的绝缘电阻 R',故人体触及带电体仍与系统构成交流回路。由于有远小于人体电阻 R_b 的接地电阻 R_0 与其并联,故通过人体的电流 $I_b \approx 0$。

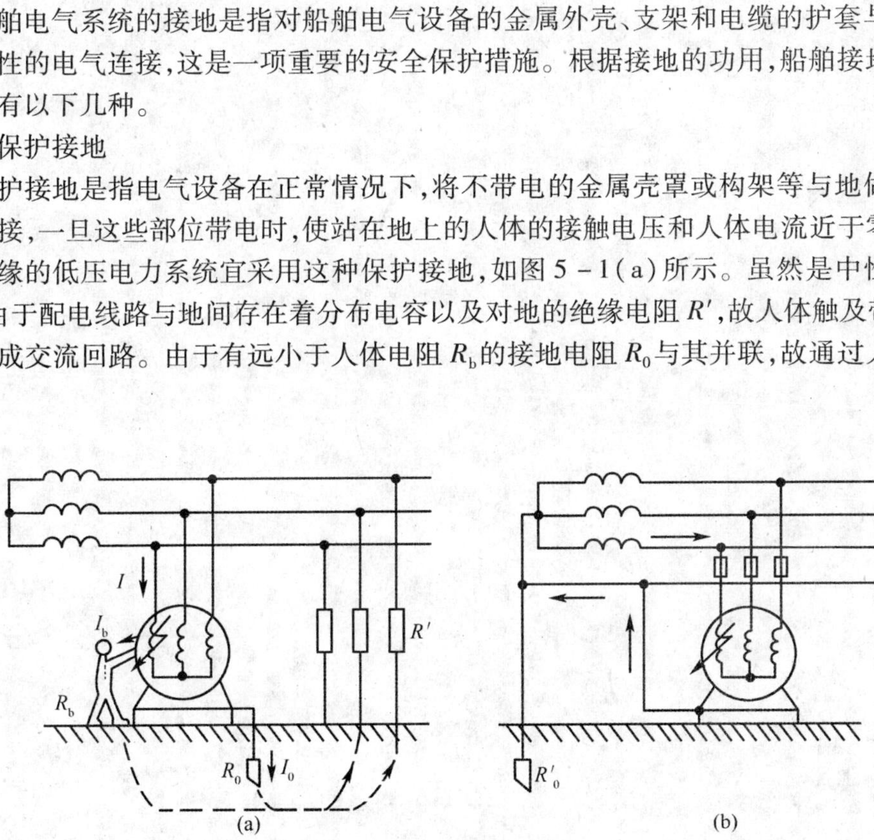

图 5-1

(a)保护接地;(b)工作接地,保护接零

2. 工作接地及保护接零

电力系统的中性点接地就是工作接地。在低压电力系统中为防止触电,电气设备的罩壳等与系统的零线连接,即保护接零,如图 5-1(b)所示。当电气设备某相绝缘损坏碰壳时,通过零线构成单相短路。因这种单相短路电流较大,可使电气设备的继电保护开关或熔断器断开。从而既避免了人身触电,又迅速切除了故障设备,保证了其他电气设备的正常运行。即使在保护电器断开之前触及外壳,由于人体电阻远大于回路电阻而使人体电流极小。

在陆上，中点接地系统不可用保护接地代替保护接零，因为中性点接地器接地电阻 R_0' 和用电设备接地器的接地电阻 R_0 比较大（约 4 Ω），设备通过机壳发生接地的单相短路的电流较小（$Up/(R_0+R_0')=220/8=27.5$ A）。当设备保护电器的动作值大于该短路电流时，就失去了保护作用，而且电压 Up 被 R_0 和 R_0' 分压使设备外壳有 110 V 高的电压，远超过安全电压。单相家用电器也要用三插头线进行接零保护，以避免触电。